KB189701

4차 산업시대의
크리스천 일터와
Business As Mission

4차 산업시대의 크리스천 일터와 Business As Mission

발행일	2019년 9월 11일		
지은이	이종찬		
펴낸이	손형국		
펴낸곳	(주)북랩		
편집인	선일영	편집	오경진, 강대건, 최예은, 최승헌, 김경무
디자인	이현수, 김민하, 한수희, 김윤주, 허지혜	제작	박기성, 황동현, 구성우, 장홍석
마케팅	김회란, 박진관, 조하라, 장은별		
출판등록	2004. 12. 1(제2012-000051호)		
주소	서울시 금천구 가산디지털 1로 168, 우림라이온스밸리 B동 B113, 114호		
홈페이지	www.book.co.kr		
전화번호	(02)2026-5777	팩스	(02)2026-5747

ISBN   979-11-6299-857-1 03230 (종이책)   979-11-6299-858-8 05230 (전자책)

이 도서의 국립중앙도서관 출판예정도서목록(CIP)은 서지정보유통지원시스템 홈페이지(http://seoji.nl.go.kr)와
국가자료공동목록시스템(http://www.nl.go.kr/kolisnet)에서 이용하실 수 있습니다.
(CIP제어번호: CIP2019035519)

(주)북랩 성공출판의 파트너

북랩 홈페이지와 패밀리 사이트에서 다양한 출판 솔루션을 만나 보세요!

홈페이지 book.co.kr   •   **블로그** blog.naver.com/essaybook   •   **원고모집** book@book.co.kr

한 재미 사업가의 크리스천 경영 철학, 두 번째 편

4차 산업시대의 크리스천 일터와

Business As Mission

이종찬 지음

우리는 무엇을 믿고, 왜 일하며,
어떻게 살아야 하는가?

4차 산업혁명 시대, 크리스천 경영자에게 제시하는
25가지 비즈니스 미션

북랩 book Lab

추천사

"저자는 최근 제가 섬기는 교회에 오신 새 신자입니다. 등록 과정 중 자기소개를 통해 Business As Mission에 대한 저자의 관심과 헌신을 알게 되었습니다. 특히 단 2주 만에 책 한 권의 집필을 마치는 집중력과 열정이 놀라웠습니다. 이 책에서 세상이란 광활하고 거친 공간 속에서 크리스천으로 세상을 대면하며 옳은 길을 가려 몸부림치는 한 성도를 만나게 됩니다. 본서에는 그 여정 가운데 있었던 많은 경험, 배움, 통찰력 등이 녹아 있습니다. 이 책이 비즈니스 세상 속에 사는 크리스천들에게 무겁지 않으면서 친절한 안내서의 역할을 하게 되리라 기대합니다. 저자의 세상 속 크리스천으로서 올바른 고민과 거룩한 열정에 박수를 보냅니다."

- 미국 남가주 SEED 교회 담임목사 권혁빈

"인류의 역사상 가장 복잡하고 급격한 변화의 시대를 살아가는 현대의 그리스도인들에게 성경의 진리를 이해하는 것만큼 우리가 이해한 성경적인 진리들을 통하여 우리가 사는 이 세상을 이해하고 그 성경의 진리를 따라 이 세상을 살아갈 것인가에 대한 진지한 고민과 실천이 과거 어느 때보다 중요한 상황이 되었지만 동시에 너무나 부족한 현실이다. 이 책은 내가 10년 전에 만난 한 신실한 그리스도인이 한편으로는 기독교 신앙과 교회에 대하여, 다른 한편으로는 변화되는 이 세상에 대한 깊은 고민을 본인의 진지한 삶의 여정을 통하여 탁월하게 풀어내었다. 성경과 신학, 선교에서 경영학과 경제학에까지. 개인의 시간 관리와 독서, 소비 생활부터 직장생활과 커리어, 나아가 사회체제와 사상과 문화까지 참으로 다양하고도 폭넓은 주제들을 깊이 있고 참신한 통찰력으로 다루었다. 이 시대에 신앙과 선교를 어떻게 이해하고 실천할지를 고민하는 모든 신앙인들에게 이 책을 추천한다."

- 미국 Center for Business As Mission 공동 대표,
메릴랜드 대학 경영학과 서명구 교수

"4차 산업혁명과 일터, 크리스천, 미션… 모두 잘 조합되기가 어려운 단어들이다. 많은 미래학자들이 4차 산업 혁명으로 인간의 노동의 의미가 상실될 것을 예상하고 있다. 또한 놀라운 의학의 발전으로 '영생'에 대한 의구심이 가득한 질문들 앞에 소환될 것이 교회의 미래이다. 이때에 저자는 노동의 현장과 국제 무역의 경험, 4차 혁명에 대한 상당한 식견, 무엇보다도 복음에 대한 바른 이해로 이러한 어려운 질문 앞

에 정면으로 마주 앉아 진지한 대화를 시작하고 있는 모습을 본서를 통해서 볼 수 있도록 한다. 우리는 늘 인생에서 난해한 질문과 마주한다. 저자는 성도가 이런 질문을 어떻게 다루며 고민하고 기도하여 답을 찾아가는지를 본서를 통해서 보여주며 길잡이가 되고 있다."

- 한국 비손 교회 담임목사 이종일

"급변하는 비즈니스 현장에서 기독교인으로서 바로 서려는 모든 분에게 이 책을 추천합니다. 본 서적은 복음주의적인 기독교인들이 비즈니스에서 실질적으로 부딪치며 고민하는 다양한 이슈에 관하여 현대 경영학의 관점을 알기 쉽게 소개하며, 더 나아가 선교적 관점에서 나아갈 바를 제안합니다. 장마다 있는 토론 질문은 크리스천 비즈니스를 실천하려는 모든 분에게 생각의 방향을 제시해줍니다."

- 캘리포니아 주립대학교 롱비치 캠퍼스 마케팅 교수 민성욱

"저자와는 2012년 있었던 'Business As Mission 세미나'에서 만났고, 3년간 같이 활동을 했습니다. 그때 유독 열정적인 모습을 보았는데, 최근에 만나니 다시 뜨거운 열정을 느꼈습니다. 본서는 여러 가지 다양한 주제와 각도로 썼으나 중심은 BAM이고, 크리스천으로서 선교사로서 주어진 곳에서 어떻게 살아가야 하는지에 대한 도전을 줍니다. 저자는

경영학에 BAM을 잘 조화시켜, 4차원 시대에서 우리가 어떻게 대체할지 질문을 던져줍니다. 본서는 저자가 고민하며 체험하고 씨름했던 삶의 이야기들이고, 그 이야기들이 한데 어우러진 아름다운 시 한 편입니다."

- The Director of Korean DiAspora ministries in USA 박영국 목사

"21세기를 살아가는 그리스도인들에게 있어 사회적 책임과 사회변혁을 실현하는 가장 현실적이며 효과적인 현장은 자신의 일터일 것이다. 일터 영성은 한인교회가 세상으로부터 그 신뢰성을 회복할 수 있게 하는 전략적 과제이기도 하다. 지난 수년간 일터 영성을 함께 고민하며 공부했던 이종찬 대표가 이 과제를 풀어가는 데 도움이 될 한 권의 책을 결과물로 내놓았다. 이 시의적절한 저작은 성도들에게 일터 영성이라는 당위적인 사명에 대해 동기를 부여하고 실질적인 지침을 제공하는 교재의 역할을 톡톡히 할 수 있도록 쓰여 있다. 특히 '지성이 있는 영성'을 추구하는 젊은 성도들에게 꼭 읽어보라고 권하고 싶은 책이다."

- The Director of Korean DiAspora ministries in USA 황성수 목사

"4차 산업혁명 시대의 크리스천 일터와 Business As Mission의 저자 이종찬. 내가 아는 그는 인심 좋고 사람 좋은 말 그대로 털털한 사람이다. 그가 공부한 화학공학과 경영학,

그리고 이 책의 제목은 내가 알고 있었던 그와 잘 어울리지 않는다. 그러나 그의 글을 읽어가면서 나는 그가 추구하는 경영학이 이윤 극대화만을 추구하는 살벌한 경영학이 아닌 따뜻한 경영학임을 알게 되었다. '역시 그러면 그렇지 내가 아는 이종찬, 그가 자신의 이야기로 깊은 고민을 써 내려가고 있구나. 활자의 행간에 그의 숨소리가 녹아 있구나.' 그와의 만남은 세계 최빈국 아이티 가난한 사람들 틈바구니에서 시작되었다. 눈에 보이는 성공과 야망을 품고 그것을 이루기 위해 최강국 미국에 온 그가 정반대로 가장 가난한 나라 아이티를 찾아온 것이다. 요즘 말로 참 웃기는 일이다. 그러나 이 과정은 그가 새로운 세계를 향해 눈이 돌리는 반전이 되었다고 나는 믿는다. 이제 그는 소외되고 가난한 사람들을 세우고자 세상과는 정반대의 새로운 경영학 여행을 하고 있다. 따뜻한 경영학자이자 주님을 따르는 그리스도인. 그의 글을 세상과 교회 사이에서 어찌할까 몰라 고민하는 사람들에게 추천한다."

- Serving Friends International 아이티 김월림 선교사

"저는 저자와는 SoCal BAMers라는 그룹을 통하여 2012년 처음 만났고, 그 후 지속적인 만남과 사역을 통하여 교제하였고 또한 같이 협력하여 BAM 선교가 절실히 필요한 외국 선교지도 같이 다니며 서로 BAMer로서 어떻게 살아야

하는지, 어떻게 선한 영향력을 전해야 되는지 고민도 많이 하며 삶에 실천하려고 노력하는 사람입니다. 이 책은 저자가 직접 비즈니스 현장에서 느끼고 경험한 체험담을 나누었기에 저같이 비즈니스 하는 사람에게는 더욱더 귀하게 느껴지며 마음에 와닿는 것 같습니다. 본서는 BAM의 삶을 추구하는 크리스천들에게 많은 도전과 해답을 줄 것입니다."

- 브라이언 전 장로, 미국 New Creation Engineering & Builders 대표,
미국 ABLE Ministry 대표

머리말

이 책은 내가 2012년도에 미국 남가주 So Cal BAMer(남가주 BAM 모임)에서 총무 시절에 쓴 소그룹 훈련용 교재를 다시 각색하여 쓴 책이다. 그 이후에 연구하고 가르치고 한 것들을 다시 수정하여 만들어 낸 책이다. 이 책을 쓰는데 이주일이 걸렸다. 저자의 다른 서적들도 보통 일주일 단위로 쓴 책이다. 말하고 싶은 것은 한 번에 영감을 받아 쓰는 습관이 있어서이다.

현재 나는 젊은 비즈니스맨들과 BAM 모임을 하면서 일터 영성과 BAM에 대해서 같이 공부하고 고민하는 모임을 진행하고 있다. 최근에 저자가 권혁빈 목사님이 개척한 SEED 교회로 옮기는 것이 이 책을 쓴 원동력이 되었다.

한국에서도 이제는 BAM과 일터 영성을 고민하고 실천하는 모임들이 많이 생겨난 것으로 한다. BAM 모임을 하면서 항상 훈련용 교재가 마땅한 것들이 없어서 아쉬웠다. 책들이 다루는 주제들이 편협하거나 너무 이론적이거나 직장사역 중심이거나 하는 등, 통합적인 책이 시중에 많이 나오지 않았

4차 산업시대의 크리스천 일터와 Business As Mission

다. 그래서 본인이 그동안 한 경제·경영·인문학 공부를 토대로 간간이 신학서적들을 탐닉하며 나의 비즈니스와 직장생활을 더듬어 이 책을 집필하였다.

이 책이 쓰기 시작한 것은 2019년 7월 4일부터인데 그 중간에 권혁빈 목사님과 BAM얘기를 하면서 빨리 이 교재를 출간해야겠다는 생각이 들었다. 아무튼 이 책을 시작으로 시리즈로 다음 책을 출간할 계획이다. 이 책에는 다양한 주제가 있지만 아주 깊이 있게 다루지는 않는다. 학술적인 책보다는 독자들의 관심사를 끌어내고 토론을 위한 환기용으로 짤막한 글들을 모은 것이다. 그러므로 관심 분야의 깊이 있는 연구는 여러분의 숙제이다.

그리고 소그룹 훈련을 위해 토론 질문들도 만들어 넣었다. 이 책은 정답이 없는 책이다. 여러분의 신앙은 여러분이 질문하고 답하는 훈련 속에서 커질 것이다. 책을 읽다가 의심이 있거나 하는 부분은 언제든 저자에게 연락해도 좋다. 우리는 같이 성장하기 때문이다.

한국 교회의 쇠퇴와 미국에 있는 한인 이민교회들의 한계를 보며 이 책이 성도들의 삶과 교회에 무언가 돌파구가 될 수 있는 기폭제가 되기를 바란다. 더불어 SEED 교회 권혁빈 목사님의 디아스포라에 대한 비전이 BAM이 이 책이 다루는 내용과 더불어 시너지 효과를 내기를 바라는 마음이다.

목차

01.
우리는 무엇을 믿는가?

"그런즉 너희는 그의 나라와 의를 구하라 그리하면 이 모든 것을 너희에게 더하시리라" (마태복음 6:33)

○ 반쪽복음

우리는 교회 안에서 신앙생활을 하면서 교리와 관습들을 배운다. 그러나 전하는 사람이 올바르게 전하지 않으면 배우는 사람은 잘못된 방향으로 갈 수 있다. 오늘날 많은 교회들은 성경에서 말하는 온전한 복음을 가르치지 않는다. 하나님을 교회 안에 계신 분으로 가두고 예수님이 이 땅에 오셔서 전하려 했던 복음을 온전히 가르쳐 주지 않는다. 그렇다 보니 성도들의 삶이 별로 예수님의 가르침으로 변화되지 않는다. 개인이 생각과 행동이 변하지 않으니 우리 크리스천들이 속한 사회에서 빛과 소금이 되지 못한다.

예수님 믿으면 죽어서 천국 가서 구원받는 좁은 의미의 구원으로 이해하니 현실의 삶에 의미를 부여하지 않는다. 세상 사람들과 똑같이 살고, 더 많이 벌고, 애들 잘되고 교회서 봉사 좀 하고 십일조 하면 다라고 생각한다. '예수 믿는다'라고 기계적으로 말하지만, 그 말이 무엇을 의미하는지 생각해 본 적이 없다. 예수의 말씀을 믿는 것인지, 예수의 존재를 믿는다는 것인지, 아니면 그냥 안다는 것인지 모호하다.

더 문제인 것은 크리스천들에게 성경에서 말하는 것을 한마디로 해보라고 하면 머뭇거린다. 교회서 하는 성경퀴즈가 깨달음 없는 단순 암기를 유도하여 성경의 맥락보다는 기계적으로 통독하고 외우도록 종용하는 것도 문제이다. 그동안 하도 교회에서 주입식 교육을 받았거나 생각해 본 적도 없고, 교회는 오래 다녔지만 우리가 무엇을 믿는지 머뭇거리는 경우가 많다. 그저 교회 안에서 봉사하고 섬기고, 전도해서 사람들 교회 안으로 데리고 오고 하는 교회 안에서의 놀이는 예수님이 전하려는 복음의 전부가 아니다. 오늘날 많은 교회가 이렇게 반쪽 복음을 전하니 왜곡된 신앙관으로 진리를 분별한 능력도 없고 복음에 대한 자신감이 없다.

이러다 보니 대부분의 경우에 '이분법적 신앙관(Dualism)'으로 신앙생활을 한다. 성과 속을 분리하여 교회 안에서만 성스럽게 살고 교회 밖에서 세상적으로 산다. 우리가 살아야 하는 삶은 신앙과 삶이 일치되고 통합된 '총체적인 신앙(Holistic)'으로 살아야 한다.

○ 하나님 나라의 복음

창세기 1장에 나온 바처럼 우리는 아담과 하와의 원죄로 시작한다. 하나님이 에덴동산에서 아담과 하와에게 청지기처럼 지키고 자유롭게 살되 선악과만은 먹지 말라고 했다. 그러나 유혹에 못 이겨 먹고 말고 우리는 타락하게 된다. 우리도 하나님처럼 되어 눈이 밝아지려 했기 때문이다. 인간의 타락한 욕망이 창조질서를 파괴한 것이다(창조-타락).

그러나 하나님은 인간을 사랑하셔서 예수님을 보내셔서 우리의 죄를 용서하시고(구속), 예수님의 부활을 통해서 우리를 회복시키신다(구속-회복). 그리고 예수님의 재림을 통해서 완성시키신다. 창조-타락-구속-회복-완성, 이것이 성경 전체의 맥락이다. 그러나 이것만으로 뭔가 2% 부족한 거 같다. 그래서 우리와 무슨 상관인가?

교회에서는 우리의 최대 지상명령으로 마태복음 28장 19~20절, "너희는 가서 모든 족속으로 제자를 삼아 아버지와 아들과 성령의 이름으로 세례를 주고…"에 나온 전도·선교에만 집중한다. 그러나 하나님 나라의 복음 내용을 모르고 껍데기만 가지고 가면 안 된다. 껍데기만 가지고 전도·선교하니 교회 건물 짓고, 불신자 교회 데려오고 하는 행동에만 집중한다. 그러나 먼저 성도들이 예수님이 오셔서 전하려 했던 하나님 나라의 복음에 대한 이해가 필요하다.

창세기 1장 28절에 나오는 명령은 소위 '문화명령'이라고도 하는데, 이는 하나님이 원래 인간에게 주신 사명이다. 이 땅을 풍성하게 하고 청지기로서 평화롭고 다 같이 창조질서대로 사는 세상을 말한다. 물질이 우선되고 사람이 사람을, 동물을, 환경을 착취하지 않고 사는 평화로운 세계이다. 이것이 되려면 우리가 먼저 세상에서 화평자가 되고 하나님의 주신 능력으로 세상을 이겨서 사는 능력을 갖춰야 한다. 이런 창조질서의 회복이 복음의 내용이 되고 하나님의 나라가 죽어서 가는 천국만이 아니라 이미 이 땅에 온 하나님의 나라를 인식하고 확장하는 게 우리의 사명이다. 이것이 결국 사회, 문화, 환경을 바꾸는 성도의 힘이고 교회 안에서의 죽은 신앙이 아니라 삶의 역동적이 원동력이 되는 것이다.

일터신학의 대가인 폴 스티븐슨 교수는 "하나님의 나라는 영적인 통치에 국한되지 않고 삶의 모든 영역과 창조세계 전체에 걸쳐 역사하는 역동적인 하나님의 구원 손길이며… 그분은 인간의 모든 영역에서 창조사역의 동반자로 우리를 초대하신다."라고 했다. 우리는 하나님의 창조동역자로 살아야 할 소명을 가진다.

한국 교회 대부분이 구원을 추상화시키고 내세로 미루는 개념으로 이해하다 보니 현재 이 땅에 사는 우리의 삶과 사회에 전혀 관련이 없는 행위가 되어버린다. 그러나 예수님이 전하려고 했던 구원과 복음은 내세적이고 미래에 이루실 하나님 나라의 완성 뿐 아니라 이미 이 땅에 오신 하나님의 통치와 회복을 애기한다. 병든 자가 고쳐지고 사회정의와 평화가 이루어지고 빈곤이 해결되는 천국을 이미 이 땅에 보여주시기 위해 오신 것이다. 우리의 관점을 단지 먹고살고 근심과 불안에 떨면서 사는 것이 아니라 하나님의 관점으로 살면서 우리의 비전과 소명을 한 단계 업그레이드시키러 오신 것이다.

우리에게 큰 그림을 주셔서 내세에서의 구원과 현세에서의 하나님 나라가 임했으니 그 관점으로 살라는 예수님의 메시지가 우리의 삶을 의미 있게 만든다. 먼저 그의 나라와 의를 구하는 삶을 살아야 한다. 결국 그런 삶은 교회 울타리 안에서만이 아닌 모든 삶의 영역-일터, 가정, 커뮤니티 등-에서 살아야 하는 것이다. 이것이 총체적인 신앙(Holistic Faith)이다.

○ **질문하지 않는 신앙**

교회에서는 성도들이 질문하는 것을 좋아하지 않는다. 성령이 무엇인지 궁금하고, 이순신은 구원받았는지 궁금하고, 삼위일체가 뭐고, 천국이 뭐고 질문 투성이다. 그러나 속 시원히 대답해 주는 사람이 없다. 질문하면 사탄으로 찍히거나 머리 크면 교만해진다고 무지해야 겸손한 줄 안다. 그러므로 신앙도 자라지 않는다. 그러다 보니 신천지 같은 이단에서 성경의 짝을 맞추어 주면 아주 신기하기 이를 데가 없다. 이런 문화가 있으니 세상과 소통할 교리에 대한 지식이나 변증도 없고 그냥 몸만 교회에 다니는 경우가 많다.

질문해야 사고하고 우리의 신앙도 커진다. 기독교 신앙은 지·정·의의 요소로 이루어진다. 한국 교회는 너무 감성 위주다. 성령체험, 은사주의가 만연하는 거에 비해 지성이나 실천적인 부분은 약하다. 목사들의 지성 결여와 세상을 살아보지 않은 경험으로 성도들에게 실천의 모범도 되기 어렵다.

우리는 치열하게 고민하고 실천을 해야 우리의 신앙도 자란다. 요즘은 좋은 책들과 강의들이 많다. 가끔 좋은 신학자들의 책들도 들여다보고 궁금한 것들을 자기의 언어도 답하고 말할 수 있어야 한다.

우리는 누군가의 프레임에 살고 있다. 진지하게 고민해서 나의 명제가 되고 진리가 되지 아니면 우리는 노예로 살아야 한다. 노예로 살 것인가? 하나님이 주신 풍성한 복음을 깨닫고 주체적으로 살 것인가?

<교회 안의 오해들>

- 반지성주의: 무식해야 순종적이고 겸손하다
- 성과 속의 분리(이분법적 신앙) vs. 총체적·통전적 신앙 (Holistic)
- Here and Now의 신학적 개념 결여
- 기계적인 성경통독: 의미도 모르고 백번 읽으면 뭔 소용
- 구원은 개인적이다 vs. 공동체적 구원(지구 전체)
- 성경 외에 다른 학문은 필요 없다

교회 안에 잘못된 오해들은 한두 가지가 아니다. 성도들이 우매화되어 목사님들이 무슨 얘기를 하든 "아멘." 하게 만들면 안 된다. 질문하고 답하고 고민하고 연구하고 실천하고 해야 우리의 신앙이 자란다. 특히 다가온 4차 산업 혁명이라는 큰 흐름에 시대를 못 따라가는 기독교는 생각하지 않고 고민하지 않으면 더욱더 외면당할 것이다.

○ 세상과 소통을 위해 빛과 소금이 되기

우리는 이 땅에 빛과 소금의 역할을 해야 한다. 하나님의 나라(천국)가 이미 이 땅에 지금 왔으며(현재성) 앞으로 이루어 갈 것이다(미래성). 이 땅의 억압과 착취를 해방하고 하나님의 통치가 임하도록 하며 우리는 하나님의 도구로 사용되어야 한다. 우리의 물질과 시간, 달란트 그리고 우리의 비즈니스와 일터는 그것의 수단이 되어야 한다. 세상은 점점 복잡해지고 빠르게 변화하고 있고, 물질과 과학 기술이 더욱더 우리의 삶을 은연중에 우리를 노예로 만들 것이다.

우리는 영적 분별력을 가지고 세상을 깨우고 예수님이 이루시려고 했던 복음을 다시 전해야 한다. 특히, 교회의 생존과 번영만을 강조하는 한계를 극복하고 무언가 영적 실험들을 많이 할 때이다. 본회퍼는 옥중서간에서 "종교의 시대는 사라졌고 세계는 성년이 되었기 때문에 이제 그리스도인들은 특정한 종교적인 영역이 아니라 철저히 세상 안에서 예수

그리스도의 제자로 살아야 한다"[1]고 했다. 한국 교회 성도들이 '세상에서' 빛과 소금을 만들어야 하는데 '교회 안에서'만 빛과 소금이 되니 직분 싸움하고 드러나는 자리에서 봉사하려 하는 안타까운 현실이다.

토론 질문

- 내가 알고 있는 복음은?
- 교회 안에서의 오해들, 거짓말은?
- 교회 안에서의 한계는? 앞으로 대안은?
- 이 인간과 땅을 만드셨고 우리의 사명은 무엇인가?

---

1   박만, 『현대 신학 이야기』, 살림(2004)

02.
Business As Mission·Market Place Ministry·실업인 연합 Mapping

요즘 BAM(Business As Mission)이라는 단어가 핫하다. 그와 연관된 일터 사역이니, 직장 선교니, 전문인 선교니, 기독 실업인연합이니 종류가 다양하다. 그에 대한 Mapping을 하여 추구하는 바를 이해하고 개념을 아는 것도 중요하다.

○ Business As Mission(BAM)

BAM이라는 개념은 아직 학계에서나 실질적으로 완전히 정의된 개념이 아니다. BAM이라 함은 보통 비즈니스를 이용한 선교이고 많은 사람들이 BAM을 하고 있지만 이념이나 활동들은 천차만별이다. Business for Mission의 개념으로 하나의 선교를 위한 명목상의 수단으로 보기도 하고 그 자체를 선교의 과정으로 보기도 한다.

국제적인 BAM 운동을 주도하는 Global Business As Mission Think Tank[2]에서 정의하는 BAM은 다음과 같다.

---

2   https://bamglobal.org에 다양한 BAM의 이론과 실제 사례들이 실려 있다.

Business As Mission(미션으로서의 비즈니스) **is:**

Profitable and sustainable businesses(이익이 나고 지속 가능하며)

Intentional about Kingdom of God purpose and impact on people and nations(하나님 나라의 목적과 영향력에 대한 의도를 가지며)

Focused on holistic transformation and the multiple bottom lines of economic, social, environmental and spiritual outcomes(경제적, 사회적, 환경적 그리고 영적 영향력과 총체적인 변화에 초점을 두고)

Concerned about the world's poorest and leAst evangelized peoples.(세계의 가난하고 복음이 전파되지 않은 사람을 신경 쓰는 것)

BAM은 1974년 로잔대회에서 처음으로 교회의 사회적 책임과 총체적 신앙(Holistic Faith)의 개념을 발표했고, 2004년도 로잔대회에서 Business As Mission이라는 개념을 소개했다. Business As Mission이 실질적으로 쓰인 것은 기존의 선교지에서 선교사들이 기독교를 허용하지 않는 국가들에서 비자유지의 목적으로 명목상의 비즈니스를 하게 된 것이 시발점이 되었다. 하지만 선교사들의 비즈니스 경험 부족으로 실질적으로 사업체가 운영이 지속적이지 못한 사례들이 많이 생겼다. 이후에는 평신도들이 선교지에 사업체를 가지고 선교하는 경우도 생겼고 평신도들이 이미 비즈니스 경험이 많아 사업 지속성은 좋은 경우가 많았다.

이후에 Business As Mission은 선교지에서 재정적인 자원을 만들어내는 수단으로, 그리고 현지인들과 접촉할 수 있는 전도의 장으로 기회를 보기 시작했다. 이후 Micro-finance, 일자리 창출 등의 프로젝트들로 진화하면서 많은 스펙트럼으로 비즈니스를 선교의 수단으로 사용한다.

현재는 한국에도 IBA 포럼이 생겨서 BAM을 홍보하고 많은 크리스천들의 선교지평을 확대시키는 촉매제 역할을 하고 있다. 미국에서도 한인 크리스천들이 만든 CBAM이나 So Cal BAMer 그룹이 생겨서 BAM을 연구하고 실천하는 모임을 하고 있다.

여러 사람들이 BAM을 하다 보니 다른 가치관을 가지고 한다. 그러나 BAM을 하더라도 결과보다도 과정이 중요하고 기독교적 세계관으로 일터에서 일치된 신앙을 요구한다. BAM은 하나의 테크닉과 스킬로 이해하면 BAM 역시 사람의 죄성으로 인해 총체적인 신앙을 무시한 왜곡된 결과를 낳는다. 각종 탈법과 탈세를 하면서 돈 벌어 선교하는 것보다 윤리적이고 사회적 책임을 이루는 기업이 되어 하나님 영광을 올리는게 목적이다. BAM 하는 사람들 사이에 하는 말이 '안에서 새는 바가지가 밖에서도 샌다'라고 하는데 우리가 이미 이 땅에서 총체적(Holistic) 신앙관을 가지고 살아야 선교지에서도 영향력을 줄 수 있다.

또한 해외에서 사는 한인들의 경우에는 디아스포라로서 이미 선교의 현장에서 살고 있다. 미국의 경우만 해도 수많은 인종들이 미국에 와서 살고 있고, 교민들은 수많은 타 인종과 접촉하면서 살고 있다. 나가서 하는 선교도 선교지만 이미 이 땅에 선교사로 부름을 받은 것이다. 한국 또한 많은 외국 노동자들이 살고 있다. 선교지에 가지 않아도 이미 선교사의 삶을 살 수 있는 환경인 것이다.

'Here and Now(지금 이 땅)'이 우리의 선교지이고 복음의 현장이다.

○ Market Place Ministry·Kingdom Business 등

한국말로 하면 '일터 사역'이라 할 수 있다. 평신도들의 각자의 삶의 영역에서 비즈니스를 통해서 하나님의 선한 영향력을 미치는 사역으로 미국에서 많은 지역들에서 사업가들 중심으로 네트워킹하고 하나님 나라의 비즈니스 스킬을 키우고 있다.

○ 직장인 선교

위의 Market Place Ministry가 사업가들 대상이라면 직장인들이 중심이 된 선교가 있는데 주로 한국에서 몇 단체들이 활동하고 있는 것으로 보인다. 직장 내 신우회 등을 통해서도 활동을 하며 직장 내 복음 전도를 위해 모인 단체들이 많다.

○ Tent Maker

바울도 선교지에서 천막 만드는 일을 하였다. 직장인들도 해외 선교지에서 취업이 되어서 그곳에서 선교사 활동을 하는 경우가 있다.

○ 전문인 선교

의사들 중심으로 선교지에서 전문인들의 도움이 필요한 주민들을 위해 봉사하면서 선교하는 전문인 선교가 있었다. 단기선교 또는 장기선교의 형태로 진행된다. BAM과 비슷한 개념이지만 주로 개인의 스킬을 이용한 개별적이고 사업체 형성 이전의 형태가 많다.

○ 기독실업인 연합회

각 교회에 보면 기독실업인 연합회 등의 단체들이 있다. 주로 네트워킹 중심으로 친목을 다지는 경우가 많고 신앙과 경영의 총체적 신앙에 바탕을 두기보다는 친목 및 네트워킹의 성격이 강하다.

○ 일터 영성(Work and Spirituality)

주로 위의 사역들이 신앙과 경영, 경제에 국한되어 있다면, 일터 영성은 경영과 경제는 물론이고 문화, 사회, 역사, 예술 등의 인문학도 융합하여 총체적인 신앙을 모색하는 운동이다. 위의 사역들이 주로 사업가 또는 경영학 교수들, 목사들에게서 시작되어 비즈니스와 신학 분야에 국한되어 있는데, 4차 산업 시대를 맞아 세상은 더 복잡해지고 신학과 경영의 렌즈만으로는 부족함을 느껴 만든 저자의 운동이다.

궁극적으로 비즈니스 실력을 위한 지성과 영성을 겸비하는 팔방미인을 만든 게 목표이다. 이 두 가지를 모두 갖춘 경우는 많지 않다. 이를 위해서는 부단한 노력이 필요하며 하루아침에 만들어지는 것이 아님을 깨달아야 한다.

○ 목회자의 이중직과 평신도의 신학 공부

현재 한국은 기독교인이 심하게 감소하는 추세이다. 목회자들이 이제는 목회지를 찾을 수 없는 경우가 많다. 그 많은 신학교에서 나오는 목회자들이 갈 곳이 어디인가? 이제는 목회자들의 이중직들도 활성화되어야 한다. 첫 번째는 경제적 자립을 위해서이고 두 번째는 성도들의 삶의 이해를 위해서이다.

또한 이제는 평신도들도 신학을 공부해야 한다. 군이 신학교를 가지 않더라도 좋은 책들과 평신도 신학 공부를 할 수 있는 곳들이 많다. 평신도들이 실력을 갖추어 사역자들이 되는 것도 좋은 영향력을 미칠 수 있는 수단이 된다. 앞으로 목사와 평신도의 담이 없어지고 크로스오버 하는 평신도 사역자, 일하는 목회자가 더 많이 나와야 한다고 생각한다.

○ 다르지만 같아야 할 부분

여러 형태의 사역들이 비즈니스 영역에 있다. 궁극적인 목적은 비즈니스를 통한 하나님 나라의 통치이다. 결과보다는 과정에 초점을 두어야 한다. 비즈니스의 성패도 결국은 하나님의 섭리이다. 과정마다 윤리적 절차와 사회적, 환경적 책임을 지고 운영을 해야 한다. 제일 중요한 것이 신앙과 삶의 통합(Integrated faith)이다. BAM이라고 하면 핫한 토픽이라 사람들이 많이 모이지만 결국 기본기가 모자란 성도들이 미성숙하게 BAM을 하여 더욱더 하나님의 영광을 가리는 경우가 많다.

행위보다는 바른 사고가 먼저이다. 우리는 그래서 계속 학습하고 실천하는 훈련이 필요하다. 안에서 새는 바가지가 밖에서도 새지 않으려면 우리가 서 있는 이 땅에서 먼저 훈련해야 한다.

먼저 말씀에 대한 충분한 이해와 기도하는 습관, 그리고 비즈니스 스킬까지 겸비하려니 쉬운 것이 아니다.

사역들 개념 정리

구분	이 땅	선교지
사업자	기독실업인 연합, 일터영성, Marketplace Ministry	BAM
직장인	직장선교, 신우회	전문인 선교, Tent Maker

토론 질문

- 당신은 어떤 종류의 사역에 속해 있나요?
- 당신은 어떤 종류의 사역을 하고 싶나요?

03.
우리는 왜 일하는가?

"… 너의 선 곳은 거룩한 땅이니 네 발에서 신을 벗어라" (출애굽기 3:5)

○ 일은 우리의 삶의 대부분

우리는 일주일에 평균 40일을 일한다. 어떤 사람은 그보다 더 일할 수도 있다. 하루 8시간에, 출퇴근 시간 2시간, 준비 시간 1시간 하면 적어도 하루 11시간은 일에 관련 하여 소비한다. 남는 시간에 잠자고 약간의 휴식을 취하면 평일날 하루 몇 시간과 주말 이틀 정도가 실제로 우리에게 남는 시간이다.

우리가 결국 신앙생활을 펼쳐야 할 공간은 교회 안에서만이 아니라 우리의 일터에서의 영역이다. 예수님의 가르침은 교회 안 울타리에만 존재하는 것이다. 우리의 신앙은 일터를 향해서 가지고 있는 것이다. 일터는 세상과 우리가 소통하고 만나는 곳이다. 그러나 대부분의 사람들은 일은 그냥 생계수단이고 신성하지 않은 영역으로 생각한다. 그러나 하나님이 모세를 호렙산에서 불렀을 때, '너의 선 곳은 거룩한 땅이니 네 발에서 신을 벗어라'라고 하셨다.(출 3:5) 각자의 일터에서 하나님은 여러분을 부르고 계신다. 그 일터가 하나님이 주신 신성한 곳이며 우리는 생계수단 이상의 의미를 부여하고 임해야 한다.

저자가 일하는 1인 연구소의 로고인데, 일주일 교회예배가 끝나고 세상이란 절벽에 나가는 그림인데, 우리의 신앙이 삶과 연결될 수 있는 다리를 만드는 연구를 한다.

○ 노동과 일에 대한 오해

사람들이 잘못 이해하는 것은 창세기 3:17에서 나온 아담이 죄를 짓고 저주받아서 노동(수고)을 하게 되었다고 생각하고 노동이 저주라고 생각하는 경우도 있다. 그러나 성경은 '땅은 너로 말미암아 저주를 받고 너는 평생에 수고하여야 그 소산을 먹으리라'라고 했다. 땅이 저주받아서 우리가 수고

4차 산업시대의 크리스천 일터와 Business As Mission

를 하는 것이지 노동 자체가 저주는 아니다.

하나님을 섬기는 행위가 히브리어 '아바드'(עבד)로 표기도 되지만 '일하다, 섬기다'라는 뜻으로도 쓰인다. 영어로 예배를 'Service'라고 하지만 우리가 남에게 섬기는 행위를 'Service'라고 한다. 결국 하나님을 위한 예배와 섬김이, 일하고 남을 섬김과 같은 맥락이다. 결국 우리의 '일함'은 하나님을 예배하는 의미를 가진다. 영어의 Vocation(직업)이라는 단어도 '부르심'이라는 어원에서 나왔고 소명이라는 뜻으로도 쓰인다. 우리는 이 땅에 각자의 부르심을 통해 일터로 부름을 받은 존재이다. 비즈니스맨, 직장인, 공무원, 교사, 군인, 정치인 등 여러 종류의 직업을 가지고 하나님의 영광을 위한 선교사로 부르심을 받았다.

창세기 1장에 보면 하나님의 창조 과정은 하나님도 일(노동)하시는 분임을 유추하게 한다. 생각하시고 창조하시고 쉬시면서 창조물들을 음미하시는 것을 보면 인간이 일을 계획하고 실행하고 성과를 느끼는 과정이랑 흡사하다. 하나님은 아직도 창조하시고 우리를 구원하시기 위해 아직도 일하시고 계시고 이 땅에 임할 하나님 나라의 임재를 위해 준비하고 계신다. 우리는 하나님의 속성을 닮아서 창의적이고 새로운 것들을 만들고 기술과 문화를 발전시키고 있다.

일과 우리의 신앙은 별개일 수 없다. 신앙은 우리의 일에도 투영되어야 한다. 많은 경우에 기독교인들이 사회에서 빛과 소금의 역할을 못 하는 현상은 일터에서 가장 많이 나온다. 크리스천 사장님이 하청업체 돈을 주지 않으면서 교회건축 헌금을 후하게 하는 것은 모순이다. 사회에선 탈세와 불법, 종업원을 인색하게 대하고, 하청업체들에게 갑질하면서 교회에서 신실한 장로, 집사의 모습을 하는 경우를 많이 본다.

또한 교회에서도 일터의 영역은 관심 밖인 경우가 많다. 목사님들이 잘 모르는 영역이기도 하고, 정확한 답도 없으며, 그렇게 살아온 크리스천들도 많이 없다. 그러나 우리는 적어도 고민하고 시행착오를 겪더라도 의도를 가지고 의식적인 행동을 하여야 한다. 우리의 신앙이 교회 울타리 안에만 있다 보니 신앙은 단지 내세와 개인 구원에만 국한되어 있다. 나만 잘 믿고 교회 봉사하고 십일조만 하면 끝이라는 좁은 의미의 구원관이 그동안 많은 부작용을 낳았다. 세상에서 빛이 되는 것이 아니라, 크리스천은 위선적이라든가 더 지독하다는 부정적인 이미지를 만들어 왔다.

○ 성경에 나온 주요 인물들의 직업들

성경에서 나오는 유명한 인물들의 직업은 다양하며 직업은 뛰려야 �뗄 수 없는 관계이다. 하루아침에 영성이 불쑥 튀어나온 것이 아니라 일터를 통해서도 많은 수련을 했을 것이다. 예수님이 목수로 사셨다면 얼마나 열심히 일을 했을까? 장인정신을 물론이고 최상의 고객서비스를 하지 않으셨을까? 일을 엉망으로 하면서 할 게 없어서 목회를 시작하시지는 않으셨을 것 같다. 또한 일만 한 게 아니라 밤에는 주경야독으로 성경공부에 힘을 쏟으시고 기도를 하셨을 것이다. 비즈니스 스킬과 영성의 양날의 날개를 단 것이다. 우리는 그점을 주목해야 한다.

바울은 텐트제조업자로 선교를 했으며 모세는 왕자에서 목축업자로, 예수님의 제자들은 어부, 세리, 의사 등 다양했고 선지자 아모스는 목자로, 요셉은 총리로 다양한 직업군을 가진다. 우리는 다 요셉과 같은 높은 자리를 원하지만 하나님은 정부 고관이나 높은 자리의 엘리트만 쓰시지 않는다.

○ 노동에 대한 신학적 의미들

기독교 역사를 걸쳐 주요 신학자들의 노동에 대한 의미 부여를 보면 다음과 같다.

- **성 어거스틴**: 노동은 비록 유용하기는 하지만 그 자체가 하나의 형벌이라고 했다. 필요하나 그 자체가 하나님의 소명이라든가 하는 의미 부여는 하지 않는다.

- **토마스 아퀴나스**: 수도사나 성직자만이 진정한 기독교적 소명이라고 한다. 직업에 귀천이 있음을 얘기한다. 이러한 생각은 목사·선교사만이 하나님께 부르심을 받은 직

업이고 모든 평신도들은 덜 신성하다는 이분법적 사고
적이다. 아직도 이러한 고정관념이 남아 있다.

- **루터:** 세속적인 직업이나 노동에 종사하는 자체가 하나
  님으로부터 주어진 임무와 사명을 완수하는 것: 종교개
  혁 때에 이르러 우리 모두가 하나님께 부르심을 받았다
  는 만인 제사장론에 이른다.

- **칼뱅,** 〈직업 소명론〉: 세상의 모든 직업은 그야말로 하
  나님의 소명이라는 관점에 이른다. 성자나 청소부나 다
  각자의 부르심에 응답하는 것이다.

- **막스 베버,** 〈프로테스탄티즘의 윤리와 자본주의 정신〉:
  신학자는 아니지만 사회학자로서 자본주의 성장 배경에
  프로테스탄트의 직업에 대한 소명을 초점을 둔다. 근면
  과 성실함으로 각자의 일터에서 자기 직업을 하나님의
  소명으로 인식함으로써 자본주의의 틀을 마련했고 자
  본들을 축적하는 계기가 되었다는 것이다.

- **도르트 죌레**(현대 생태신학자): 일을 자기완성, 사회적 관계
  성, 자연과의 화해의 수단으로 보았다. 저자의 생각과
  많이 일치한다.

- **본 회퍼**: 세상에 머물러 세상을 전면에서 공격해야 한다. '내 세계적 직업생활'을 하면서 자신의 '이세계성'을 완전히 드러내야 한다고 했다. 굉장히 급진적이면서 세상 변혁에 능동적인 일의 관점을 보인다.

- **벤토레이 신부**: 예수원 공동체에서 노동은 기도와도 같다고 전한다. 기도하는 것이 말로 중언부언하는 것이 아니라 실천을 통해서 나타나고 노동은 정성스럽게 드리는 기도와 같은 행위라고 본다.

- **팀 켈러**: 일은 하나님을 닮아 가는 수단이다. 우리는 구원이 믿는 순간 이루어지면서 동시에 미래적으로도 구원을 이루어 가는 과정이고 성화의 과정이다. 일을 통해 인격을 수양하고 하나님을 닮아가는 연습장이 되는 것이다.

○ 일을 통한 생계수단, 자아실현, 사회적 영향력과 하나님의 나라

우리는 일을 통해서 돈을 벌며, 자아를 실현한다. 그러나 우리는 하나님의 주신 소명으로서의 일의 실현해야 한다. 결국 남을 섬기며 이 땅의 하나님의 나라 복음을 위해 사회적·

환경적·영적 영향력을 미쳐야 한다. 이것이 하나님이 일을 통해 주신 우리의 사명이다. 그러나 우리의 일은 그저 생계를 위한 수단이거나, 맘몬니즘을 위한 수단이 된다. 하이데거는 "인간은 노동하는 동물이 되어버렸고 노동의 대가로 갖가지 향락 물자를 제공받으며 그것에 탐닉하는 존재가 되어 버렸다"라고 했다.

애덤 스미스의 '보이지 않는 손'은 결국 하나님의 섭리라 생각한다. 인간이 인간을 돕고 사회가 하나의 유기체처럼 돌아가도록 만들었다. 최소한 돈을 벌려면 남을 도와야 한다. 어떤 사람은 그 이상의 의미를 부여하여 자아실현을 위해 일을 하고 어떤 사람은 한 단계 더 올라가서 돈이란 대가 없이 남을 위해 일하고 우리 크리스천들은 더 큰 하나님의 나라와 소명이라는 관점으로 일할 수 있다.

일터는 하나님의 영광을 드러내는 자리(worship)이며 남을 섬기는 곳(service)이고, 기의 달란트를 남을 위해 쓰는 곳(자아실현)이며, 개인의 성화(sanctification)를 위한 훈련장이며, 하나님의 섭정(regency)을 위한 위임된 사명(stewardship)을 이루고 세상을 하나님의 나라(통치)로 바꾸어가는 process (present, but not yet)이다.

크리스천 기업의 목적 → 이윤 → 사회적·환경적 책임 → 영적 영향력 → 이 땅에 임하는 하나님의 나라

그보다는 삶의 요소에서 무너진 성벽을 세우는 보이지 않는 크리스천들이 하나님이 원하시는 삶이다. 부르신 곳(일터)에서 일로 예배하고 세상에 선한 영향력을 주는 것이 하나님이 영광 받는 일이다. '노예는 그저 생존하는 것 이외에 노동의 목적으로 그 어떠한 행복도 제시받지 못한다…. 노예의 상태란 영원성의 빛도 없고, 시도 종교도 없는 노동이다.'(시몬 느베이유 수상록 '중독과 은총' 중)

세상 사람들은 먹고사는 것으로 걱정한다. 그러나 우리는 공중의 새와 들에 핀 꽃들도 먹여 살리는 하나님이 인간에게는 더 큰 비전을 주시고 우리가 행복하게 사시기를 원하며, 이웃과 환경과 더불어 천국이 되는 세상을 원하시고 계시는 것이다. 그 부르심과 비전을 찾는 것이 우리의 삶의 방향이 되어야 한다.

○ 미래의 일에 대한 변화

4차 산업 혁명을 맞아 이제는 일의 정의도 변화될 것이다. 생산성은 많이 늘어나 예전처럼 많은 인간들이 필요하지 않다. 많은 일들이 로봇과 인공지능으로 대체될 것이다. 예전의

노동관이 인간의 노동집약적인 농사와 산업들에 기초에 관점들이어서 노동의 신성함을 얘기했다면 이제는 일자리 자체가 줄어들 수 있다. 많은 사람들이 기계로부터 일자리를 빼앗길 수 있다. 또한 기술의 발전이 양극화를 부를 수도 있다. 앞으로 인간은 무슨 일을 해야 하나? 우리가 고민할 문제이다.

토론 질문

- 우리는 왜 일을 하는가? 나의 이전 생각과 이 과를 공부한 후에 차이는?
- 당신의 일을 만족합니까? 이유는?
- 앞으로 4차 산업시대가 오면 인간은 어떤 일을 할까요?

04.
자신의 커리어 찾기

"하나님의 은사와 부르심에는 후회하심이 없느니라" (로마서 11:29)

○ 직업을 결정하는 요소들

요즘 한국에서는 창조주보다 높은 건물주가 되고 싶다는 젊은이들이 많아 안타까움이 든다. 많은 크리스천들도 세상 사람들과 꿈이 다르지 않다.

우리는 직업을 통해 하나님의 영광을 드러내며, 자아실현도 하고, 생계도 유지한다. 그러나 보통 사람들의 경우에 직업을 결정하는 가장 큰 요인은 '돈'이란 요소이다. 특히, 요즘에 한국은 직업의 안정성이 중요하여 오랫동안 길게 직장생활을 할 수 있는 공무원이 인기이다. 그러나 우리 크리스천들은 그 관점을 넘어야 한다. 일을 통해 자아실현과 아울러 하나님 나라의 선한 영향력을 고려해야 한다.

○ 그보다 먼저 우리의 왜 사는가에 대한 질문

커리어에 대한 결정을 하기 전이나 병행하여 내가 왜 사는

지에 대한 성찰이 필요하다. 사람은 태어나는 순간부터 남들을 모방하며 산다. 남의 생각에 따라 살다 보면 내가 왜 사는지 이유를 잃어버릴 때가 많다. 핫한 직업을 따르거나 '부자되세요~' 등의 가치관들이 나의 사고가 아닌 남들의 사고가 내 사고에 무분별하게 주입된다. 그러나 그보다 우리는 남들을 따라가지 않고 진지하게 '주안에서 나답게 사는 게' 뭔지 진지하게 고민해야 한다. 남들따라 아무 생각 없이 살다가 죽기 전에 인생을 후회하는 노인분의 이야기를 많이 듣는다. 젊었을 때 뭐 할걸, 더 놀걸, 더 여행 다닐걸, 내가 좋아하는 것을 할 갈등 등. 우리는 더 넓은 시야로 살아야 한다. 하나님 나라의 복음을 위해서 사회와 환경을 돌보고 나의 달란트로 남을 돕고 그에 대한 대가로 돈을 버는 것이다.

○ 직업의 귀천

한국적 심리에는 직업의 귀천이 아직도 있다. 의사, 변호사, 교수 등의 전문직을 선호한다. 그러나 하나님의 관점에서는 어떠한 직업도 귀하다. 예수님 또한 제자들이 전문직들만 있는 것이 아니었다. 중요한 것은 얼마나 전문성을 가지고 그 자리에서 하나님의 영광을 드러내느냐이다. 요즘은 틈새시장에서 남들이 못하는 것을 찾아 전문성을 가지면 그것이 어떠한 분야이든 먹고살 수 있다.

크리스천들이 가지는 큰 오해 중의 하나는 모두 다 요셉과 같은 높은 자리의 영향력 있는 위치를 원한다. 한때는 '고지론'으로 크리스천들은 세상의 요소요소 모든 기업, 정부, 교육, 스포츠계에 정상으로 올라가서 세상에 하나님의 영광을 드러내야 한다고 했지만 하나님이 원하시는 것은 그렇지 않다. 한국에 장로 대통령이 얼마나 더 부정하고 세상 사람들의 지탄을 받고 있는가.

○ 자기 적성 찾기

MBTI와 같은 테스트를 해서 자기의 유형을 알아보는 것도 좋다. 그러나 인간을 16가지의 유형으로 규정하기는 어렵고, 그리고 나이가 들어감에 따라 자기의 성향도 바뀐다. 그보다는 좋아하는 것들을 찾아 내는 것이 좋다. 좋아하더라도 못하는 영역도 있고 좋아하지 않지만 잘하는 분야도 있을 것이다. 결국은 자신이 좋아하고 잘하는 일을 찾는 것이 중요하다.

하나님은 적어도 하나 이상의 달란트를 주셨다. 달란트를 발견하려면 여러 경험을 해보는 것이 좋다. 그래야 주신 달란트를 발견한다. 이론적으로 성향분석을 통해서도 하지만 여러 일들을 경험함으로 할 수 있다. 여러 일들도 좋고, 여행, 봉사활동, 선교, 모임들, 취미 생활들을 해보면 자기가 좋아하는 것들을 발견한다. 나는 크리스천들에게 많이 허슬(Hustle)하라고 한다. 많이 움직여야 자신이 좋아하는 것을 발견할 수 있다.

○ **직업, 경력 그리고 소명**

우리가 일반적으로 부르는 직업(Job)은 경력(Career)와는 다르다. 자기가 지금 하고 있는 일이 Job이고 자기의 목표대로 같은 영역에서 전문성을 쌓는 것을 Career(경력)라고 한다. 그것보다 한 단계 높은 것의 Calling(소명)의 단계이다. 하나님은 우리들을 각자 삶의 영역에서 부르신다. 지금 당신이 일하는 일터에서 당신을 부르시는 것이다.

처음부터 자기에게 맞는 일을 찾기란 쉽지 않다. 요즘에는 한 우물을 오래 파서 된다는 말도 맞지 않는다. 기업들의 수명이 짧은 시대에 회사가 없어지고, 4차 산업시대를 맞아 직업군이 없어지는데 한우물을 파는 거는 쉽지 않다. 그러기에 젊을 때는 여러 가지 일들을 경험하여 자기의 좋아하고 잘하는 분야를 찾아서 그 범위를 좁혀가는 것이 중요하다.

중요한 것은 돈만을 쫓아가는 경우에는 번아웃되기 쉽다. 돈만 주는 직종은 스트레스 또한 많은 경우가 많다. 돈만 쫓아 일을 하면 돈이 안 벌리면 또 업종을 바꾼다. 그러나 그렇게 불나방처럼 불빛만 쫓다가 인생을 허비하는 경우가 많다. 그래서 결국은 아래 그림처럼 1-2-4나 1-3-4로 자신의 좋아하고 잘하는 영역을 찾는 것이 중요하다.

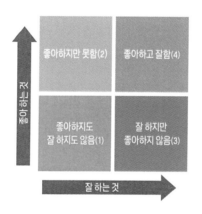

좋아하는 것 vs. 잘하는 것: 4분면 분석(Quadruple Analysis)

○ 직업은 하나로만 있어야 하나?

요즘은 직업이 하나로만 있는 경우보다 여러 가지의 자기의 좋아하는 일들이 동시에 할 수 있는 시대이다. 굳이 한가지 직업에 국한될 필요는 없다. 우리는 많은 것들을 할 수 있는 시대에 살고 있다. 예전에 레오나르도 다빈치의 경우에 화가, 과학자, 수학자, 발명가 등의 수많은 일들을 했고, 벤자민 프랭클린도 정치가이면서 사업가, 발명가, 작가 등의 여러 일들을 했다. 이제는 직업들도 융합되고 통섭 되기 때문에 여러 가지 일들을 하는 것이 좋을 수 있다.

보통 사람들은 조기 은퇴를 꿈꾼다. 그런데 이제는 100살 수명시대이고 2050년경에는 150살 또는 평생 죽지 않고 사는 미래학자도 있다. 그러면 은퇴해서 뭐 하고 살 것인가. 기존의 패러다임에서는 60세까지 일해서 20년 동안 은퇴생활 하면 되지만 이제는 은퇴 후 40년 이상을 사는 시대가 왔다. 은퇴의 의미도 바뀌어야 할 때가 왔다. 그리고 평생 한 직장, 한 직종이지만 이제는 평생 살면서 여러 개의 커리어들을 살아야 할 때가 올 것이다.

ㅇ 미래의 일들

앞으로는 4차 산업 혁명으로 인해서 많은 직업군들이 사라질 것이다. 지금은 예상 못 한 직업군들이 만들어질 것이다. 그러려면 변화를 인지하고 빠르게 움직일 수 있는 민첩성(Agility), 빠르게 변화에 적응할 수 있는 적응력(Adaptability), 시대의 흐름에서 자기의 일을 만들 수 있는 창의성(Creativity)이 중요하다. 이제는 자기의 직업을 자기가 만들어야 하는 시대가 올 것이다. 거대기업들의 수명이 점점 짧아진다. 좋은 기업에 취직해서 안정되게 오래 생활하겠다는 생각은 버려야 한다. 이제는 자기 자신이 창업가의 시대로 살아야 할 때가 온다.

○ 자기 계발과 평생 학습

기존에는 대학 4년 공부하여 평생을 먹고사는 패러다임이었다. 그러나 수명 연장과 4차 산업시대로 인한 직종의 사라짐 등으로 우리는 꾸준히 자기 계발과 평생 학습으로 시대에 발맞추어야 한다. 요즘은 좋은 동영상, 온라인 서적, 온라인 강의의 활성화로 쉽게 배울 수 있다. 전에는 한 분야에 공부한 박사를 유용했지만 이제는 누구라도 해당 분야의 정보를 쉽게 찾고 배울 수 있으므로 우리는 다 박사가 될 수 있다.

○ 선한 영향력

결론은 우리는 우리의 일을 통해서 어떻게 하나님 나라의 복음을 전하고 사회적, 환경적 책임을 다하며 나의 달란트로 남을 돕고 마지막으로 돈을 벌어 우리의 생계를 유지하는 것이다. 인생의 열심은 결국 방향성이 먼저 확립되어야 열매를 맺는다. 하나님이 주신 각자의 은사는 우리의 안위만을 위한 것이 아니라 하나님이 이 땅에 천국을 이루도록 우리에게 주신 수단이다. 사회적 가치를 만드는데 나의 달란트를 이바지할 수 있도록 고민하고 항상 세상 사람들이 돈을 쫓을 때 우리는 그보다 큰 그림의 비전과 가치를 볼 수 있어야 한다.

- 내가 지금 하는 일은 좋아하는 일인가요? 아니라면 좋아
  하는 일은?
- 자기의 성향은? 자기가 가지고 있는 달란트는?
- 자기가 가지고 있는 달란트로 할 수 있는 일들은?
- 은퇴 후에 하고 싶은 일들은?

05.
크리스천의 자기 계발

"그러므로 우리가 낙심하지 아니하노니 겉 사람은 후패하나 우리의 속은 날로 새롭도다" (고린도후서 4장 16절)

○ 수많은 자기 계발서와 기초 요건

시중에 나온 책들과 유튜브에는 수많은 자기 계발에 관한 얘기들이 홍수를 이룬다. 이 사람 얘기 들으면 맞는 거 같고 저 사람 얘기 들으면 저 얘기도 맞는 거 같다. 하지만 우리의 기초가 튼튼하지 않으면 바람에 이는 갈대와 같다.

가장 중요한 것은 신앙 안에서 나의 존재를 아는 것이다. 하나님이 왜 인간을 창조하셨고 그중에 왜 나란 존재를 만드셨는지 고민해야 한다. 물론 기독교 교리 안에 그 답은 먼저 주어진다. 웨스트민스터의 교리문답에 나온 '인간은 하나님의 영광을 위해 만들어졌다'라는 것을 우리는 우리 자신의 명제로 고민하고 나 자신이 깨달아야 한다. 나의 존재 이유와 내 삶의 목적이 신앙 안에서 일치가 되면 그때부터 자기 계발을 하는 게 좋다. 그렇지 않으면 세상 사람들의 가치에 현혹되어 갈대처럼 나부끼다가 인생을 허비할 수 있다.

우리는 날마다 성장해야 한다.

우리는 영적으로 성숙해야 한다. 교회를 다닌다면서 매년 영성이 정체되면 안 된다. 우리의 성화의 과정은 두렵고 떨리는 마음으로 죽는 날까지 전진 되어야 한다. 예수 한번 믿으면 죽을 때까지 천당에 가는 티켓으로만 이해하면 그냥 껍데기만 믿는 신앙이 될 수 있다. 또한 지적으로 인격적으로 성숙해야 한다. 주변에 내가 배울 만한 멘토나 롤모델을 가지고 있는 것도 추천한다. 없다면 독서하는 것도 방법이다. 성장하지 않은 인생은 그냥 인생을 생존하기에 급급한 것으로 끝날 경우가 많다.

○ 크리스천의 자기 계발서

내 개인의 경험상으로 성경에 대한 깨달음과 예수님과의 인격적 만남을 시작으로 신학, 경영, 경제, 역사, 예술, 문학, 사회, 문화, 과학 등의 영역들을 골고루 섭렵하는 것이 좋다고 생각한다. 크리스천은 성경책 한 권만 읽으면 된다는 생각은 큰 오산이다. 하나님이 인간을 위해 만들어 주신 지성을 써야 한다. 우리는 세상과 소통하기 위해서 그들보다 더 큰 그림을 볼 줄 아는 안목이 필요하다.

비즈니스를 하다 보면 경영의 한 분야 가지고 안 된다. 사람 마음을 움직일 수 있는 인문학, 심리학, 대화법들도 알아야 하고, 사회흐름도 읽어야 하며, 경제 흐름과 미래에 대한 안목을 길러야 한다. 그러나 출발점은 항상 성경과 기도(묵상)임을 잊으면 안 된다. 성경의 말씀과 기도가 우리가 얻은 지식들을 걸러주고 우리 인생의 바닥을 잡아주는 닻의 역할을 하기 때문이다.

○ 성경을 통한 통찰력 훈련

나는 성경을 통해 많은 통찰력을 얻는다. 귀납법적 성경 토론을 통해서 깊이 묵상하고 때론 다른 사람들의 다른 깨달음도 들으면서 여러각도에서 성경을 묵상하는 법을 배웠다. 결국 비즈니스를 해서 사업을 성공하게 하는 것은 남들이 보지 못한 것들을 보는 능력이 중요하다. 그러려면 부지런히 성경을 보고 깊이 묵상하고 깨닫고 실천하는 훈련이 필요하다. 그리고 통찰력을 얻는 것에만 그치면 안되고 실천하는 능력이 필요하다. 이러다 보면 신앙의 훈련이 비즈니스 영역에도 적용이 된다. 업무 추진력이 중요하다. 좋은 아이디어가 있어도 실행하지 않으면 아무 소용이 없기 때문이다.

나의 경우에는 성경을 통해서 삶의 가치와 사물을 보는 안목이 생기면 그때부터 여러 분야를 공부해도 구슬처럼 엮어지는 경험을 하게 되었다. 여러분도 견고한 탑들을 하나씩 쌓기를 권한다.

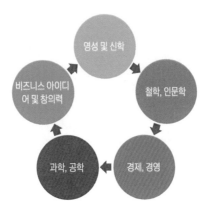

융합시대의 학문(저자의 경우에 공학과 경영을 전공하고 인문학, 철학에 심취하며, 간간이 신학책과 귀납법적 QT를 하면서 융합의 학문을 추구를 통한 비즈니스 아이디어 및 창의성을 얻으려고 한다.)

○ 피터 드러커의 프로페셔널의 조건

경영학의 대가 피터 드러커의 유명한 '프로페셔널의 조건' 이라는 책을 인용하여 우리의 신앙에 맞게 각색하면 다음과 같다.

첫 번째 경험, 목표와 비전을 가져라

하나님이 이 땅에 우리를 보내신 목적, 그리고 일터에서 우리가 해야 할 사명이다.

두 번째 경험, 신들이 보고 있다고 생각하고 살아가라

코람 데오 정신으로 하나님 앞에서 일하듯이 하는 것이다.

세 번째 경험, 끊임없이 새로운 주제를 공부하라

시대가 계속 변하고 있고 새로운 인재와 변화는 흐름에 대한 통찰력이 필요하다.

네 번째 경험, 자신의 일을 정기적으로 검토하라

자신의 방향과 하는 방식 등을 성찰하고 점검해야 한다. 나무만 열심히 찍는 것보다도 도끼를 가는 것이 더 중요하다.

다섯 번째 경험, 새로운 일을 할 때는 그에 걸맞는 사람이 되어라

맡은 일에 대한 다양한 재주를 쌓아야 한다.

여섯 번째 경험, 피드백 활동을 하라

골프를 할 때 자기는 자신의 자세가 어떤지 모른다. 누군가 옆에서 봐줘야 한다. 손님이든 직원이든 상사든 피드백을 받고 업무 방식을 조정해야 한다.

일곱 번째 경험, 어떤 사람으로 기억되기 바라는가?

가장 중요한 것이다. 특히 우리는 하나님에게 어떤 존재로 기억되기를 바라는지 명심해야 한다.

○ 성공하는 사람들의 7가지 습관

너무나도 유명한 스티븐 코비의 '성공하는 사람들의 7가지 습관'을 인용하면 다음과 같다. 그중에 우리의 신앙과 접목하여 해석하면 다음과 같다.

습관 ❶: 자신의 삶을 주도하라

우리는 계획하지만 하나님이 주도하신다. 그러나 우리의 할 일은 해야 한다.

습관 ❷: 끝을 생각하며 시작하라

하나님이 이 땅에 우리에게 주신 사명을 생각한다. 내 인생의 목적은 무엇인가 항상 명심한다.

습관 ❸: 소중한 것을 먼저 하라

우리는 항상 To-do-list로 캘린터 계획을 지우는 수동적 삶이 아닌 내 삶의 중요한 것을 염두에 두고 능동적으로 살아야 한다.

습관 ❹: 윈-윈을 생각하라

우리는 모든 이해관계자(주주, 고객, 협력업체, 종업원, 정부 등)들이 윈윈하도록 디딤돌의 역할이 되어야 한다.

습관 ❺: 먼저 이해하고 다음에 이해시켜라

우리는 먼저 경청하고 공감한 뒤에 남을 설득해야 한다.

습관 ❻: 시너지를 내라

우리는 혼자 힘으로 살 수 없다. 남들과 협업(Collaboration)을 통해 함께 갈 때 시너지를 이룰 수 있다.

습관 ❼: 끊임없이 쇄신하라

예수님은 혁신가이다. 우리도 예수님처럼 파괴적 창조자(Disruptive Innovator)가 되어야 한다.

○ 시간의 활용

하루는 인생의 압축판이다. 하루를 어떻게 사느냐가 인생을 좌우한다. 의미 없이 시간 보내는 삶은 언젠가 후회를 만든다. 적절한 휴식과 생산적인 시간, 창의할 수 있는 안식의 시간이 적절히 배분되어야 한다. 하루의 시간 중에 일부는 영적인 시간과 자기 계발의 시간으로 곧 떼어놓아야 한다. 하루 5분이든 10분이든 적게 시작해도 작은 습관은 복리로 자라면 인생을 허비한 사람들과 10 뒤면 엄청난 차이를 이룬다.

○ 평생 학습의 필요성

자기 계발서의 공통된 주제 중 하나가 공부하는 것이다. 요즘은 대학 4년을 졸업해도 죽을 때까지 공부해야 한다. 4차 산업을 맞아 일자리가 없어지고 새로운 일자리가 생긴다. 기능적인 공부도 해야 하고 기본적인 소양을 갖출 인문학 공부도 필요하다. 공부하지 않으면 도태된다. 비단 평신도만의 문제가 아니라 목회자들도 공부해야 한다. 신학뿐 아니라 평신도들이 살고 있는 시대를 이해하기 위해 여러 분야의 공부가 절실하다.

군이 학위를 위한 공부의 중요성이 떨어지고 현실적이고 실용적인 공부가 필요하다. 학교에 안 가도 온라인으로 책으로 할 수 있는 방법들이 많다. 특히 4차 산업에서 뒤쳐지지 않으려면 4차 산업 기술을 응용할 수 있는 우리의 능력이 요구된다. 그러려면 부지런히 공부하고 실천해야 한다.

○ 독서 경영

비즈니스를 하다 보면 많은 아이디어와 시대를 읽는 통찰력이 필요하다. 그러기 위해서는 여행하거나 사람들을 만나거나 여러 방법들이 있지만 그중에 효과적인 방법의 하나가 독서이다. 결국 비즈니스를 하다 보면 경영철학이 필요하고 좋은 리더가 되려면 많이 알고 비전을 제시할 리더십이 필요하다. 독서는 대가들을 만날 수 있는 기회이다. 책 한 권에서 하나의 교훈만 얻어도 일주일에 한 권의 독서를 한다면 일 년에 52개의 교훈을 얻을 수 있다.

요즘은 종이 책보다는 전자책들이 더 편리하게 핸드폰에서도 읽기가 쉽다. 그리고 종이 책은 들고 다녀야 하지만 핸드폰에서 읽는 전자책들은 어디서든지 자투리 시간을 이용해서 읽을 수 있는 장점이 있다. 나 같은 경우에 '밀리의 서재' 라는 앱을 통해서 일 년에 보통 150권 이상의 책을 읽는다. 하루 5, 10이라도 책을 읽고 메모하고 생각하면 새로운 아이디어와 여러분의 사고의 폭을 넓혀주리라 생각이 된다.

나의 경우에는 책도 한번에 한 권을 읽는 것이 아니라 보통 전자책으로 보통 20~30권씩 동시에 읽는다. 분야도 다양하게 경영, 경제, 소설, 철학, 심리, 신학 등의 잡독을 한다. 그리고 어떤 책은 보다가 다 읽지 않는 책들도 있다. 중요한 거는 책에서 여러분의 공감이 가는 내용을 찾아내는 보물찾기 기쁨이다.

○ 공부해서 남 주기

우리는 공부해서 남을 줘야 한다(한동대 김영길 총장의 지론). 한국처럼 교육열이 극성인 나라가 없다. 그러나 다 자기 잘 먹고 잘사는 것에만 초점이 잡혀있다. 그 뒤의 목표가 없다. 인생의 큰 그림을 그려주는 부모들이 드물다. 하나님이 주신 은사와 부르심은 나 혼자 잘 먹고 잘살기 위함이 아니라 남을 돕고 하나님의 영광을 드러내기 위함이다. 자기 계발도 자기를 위해서 하지만 남 주기 위해서 한다고 생각하자. 그럴 때 분명히 하나님이 더 큰 능력을 주심을 느껴온 저자의 경험이자 고백이다.

- 당신은 자기 계발에 하루에 얼마나 시간을 쏟고 있나요?
- 자기 계발의 분야가 어떤 분야인가요?
- 자기 계발 전, 나의 신앙은 튼튼한가요? 하루에 얼마나 하나님과의 교제에 시간을 쓰나요?

06.
크리스천의 시간 관리

"세월을 아끼라 때가 악하니라" (에베소서 5:16)

○ 우리는 공평하게 하루 24시간을 산다

우리의 시간은 한정적이다. 돈은 더 벌 수도 있지만 시간은 더 벌 수 없다. 하나님은 똑같이 하루 24시간을 주셨다. 어떤 사람을 세월을 허비하는 경우도 있고 어떤 사람들은 알차고 쓰는 경우도 있다. 우리는 시간을 어떻게, 어디에 써야 하나님이 보시기에 선할까. 우리의 달란트, 재물, 시간은 하나님이 우리에게 주신 은혜이다. 우리의 재물과 달란트를 이용해서 하나님께 영광 돌리지만 시간도 중요한 요소 중의 하나이다.

어떤 사람은 하나님의 사역들도 하면서, 가정도 잘 돌보고, 일도 열심히 하고 균형을 잘 쓰면서 시간 관리를 잘한다. 어떤 사람들은 일 하나 하는 것으로 헉헉대기도 하고, 어떤 사람들은 또 교회 일만 열심히 하고 일, 가정은 소홀히 하는 경우도 있다. 그러한 균형을 갖추면서 잘 활용하기는 쉽지 않고 훈련이 필요하다.

○ 자신의 시간을 쓰는 곳이 자기의 정체성이다

자기가 하는 일이 우리의 정체성이다. 우리의 재물을 쓰는 곳에 우리의 마음이 있듯이 우리의 시간을 쓰는 곳이 우리의 마음이 있다. 하나님을 사랑한다 하고 하나님과 보내는 시간이 없다면 말이 안 되는 것이다. 온종일 유튜브, SNS, 드라마에 시간을 허비한다면 여러분은 게으른 종이 될 수도 있다.

여러분의 하루를 보면 일하는 시간(출퇴근 시간 포함), 나머지 퇴근 후 집에서 몇 시간, 주말 시간이다. 그 시간에 여러분은 무엇을 하는가? 자기 계발, 취미, 여가생활도 할 것이다. 그보다 중요한 것은 하나님과의 교제시간을 갖느냐이다. 하루 조금이라도 성경을 읽고 기도할 시간(장소가 어디든)이 있어야 한다. 하나님의 자녀인데 부모님이랑 교제 안 하고 나머지 시간에 할애한다면 그 나머지가 헛되이 열매가 맺히지 않을 수 있다. 시간 관리는 효율성의 문제라기보다는 영성의 문제이다.

○ 혼자만의 시간

나는 일찍 일어나는 습관이 있어서 아침 일찍 일어나면 성경을 묵상하고 책을 읽거나 글을 쓴다. 혼자 있는 시간이라 고요하고 자신을 돌아볼 수 있는 시간이라 좋다. 이 시간에 삶에 대한 구조조정을 하는 기회다. 내가 이 일을 왜 하는지,

하나님의 응답이 있어서 하는 것인지 물어봐야 한다. 무작정 바쁜 것은 죄이다. '바쁜 게 좋은 거야'라는 생각은 다시 해봐야 한다. 아무리 노를 빨리 저으면 뭐 하나, 자기가 가는 방향을 알아야 한다. 일주일 24시간 동안 하나님을 만날 시간이 없고 자신의 삶을 돌아보지 않으면 어느새 죽을 때 되어서 후회한다. 혼자만의 시간을 가지고 시간 활용이나 자신의 삶을 돌아보자.

○ 하루 5분의 힘

우리는 거창한 계획을 먼저 짜고 일을 시작하는 경우가 많다. 그러나 작게 실행하는 것이 중요하다. 시작이 반이라고, 작게 실행하다 보면 그것이 습관이 된다. 하루 5분을 무시하지 말라. 나의 경우엔 화장실 앉아 있는 시간이 초치기 독서 시간이 되기도 하고, 차에서 애들 픽업 기다리는 시간이 일하는 시간이 되기도 하고, 차에서 기도하고 찬양하는 것도 좋은 시간 활용의 예이다. 하루 5분씩 짜투리만 모아도 하루 30분이 될 수도 있고 이것이 한달, 일 년, 몇년이 되면 엄청한 효과를 거둘수 있다. 오늘 당장 하고 싶은 일들이 있다면 당장 5분만 내어 시작하여 보라. 그러면 그것이 습관이 되어 여러분의 인생을 바꾼다.

○ 저글링을 위한 삶의 트리밍

나의 경우에는 30대 초에 직장, 공부, 사역(교회 및 BAM)으로 보냈지만 모두 소홀히 하지 않았다. 그러한 배경에는 삶의 단순화가 중요했다. 나는 골프는 최근에야 쳤지만 미국에서 친구들은 골프를 치는데 시간을 허비할 수가 없었다. 직장 퇴근 후에는 공부를 했고. 특별히 나는 공부를 조용히 혼자 하는 것이 아니라 애들이 뛰어노는 거실에서 하여 애들과 같이 보내는 시간을 가졌다. 사람마다 집중이 안되서 그럴 수 없는 경우가 많지만 최대한 스마트하게 공부할 수 있는 방법이 있다. 심지어 나는 애들 어릴때 공원에 데려가면 책을 들고 가서 책 읽거나 공부를 하면서 애들을 보았다.

짬짬히 주말에는 여행도 가고(여행 가도 책을 들고 가서 일찍 일어나면 책을 읽거나 숙제를 했다), 친구들도 만났다. 대신 쓸데 없는 드라마나 인터넷 서핑이나 그런데 시간을 허비하지는 않았다. 시간을 얼마나 생산적으로 쓰는 것도 중요하고 때론 안식하고 쉬면서 재충전할 시간도 꼭 가져야 한다. 그러려면 불필요한 것은 lean 하게 유지관리 해야 한다.

○ 일의 우선 순위

우리는 급한 일과 중요한 일의 요소를 구분하지 않고 일을 처리한다. 인생은 To-do-list로 꽉 차 있다. 하루에도 일주일에도 많은 일들을 캘린더에서 지우는 만족감으로 산다. 보통은 사람들은 급한 일들 위주로 한다. 급한 일은 중요한 일이라 착각하는데 그렇지 않다. 중요한 일들의 우리의 하나님과의 만남, 가정 이런 것들은 중요하다. 급한 것들은 당장 Due date에 쫓기지만 우리의 삶에 큰 영향을 주지 않는 것들이다. 아래 4사분면에 자신의 일들을 포지셔닝해서 잘 관리해야 한다. 대부분의 경우엔 중요하지 않은 일들이다. 당신의 구원, 하나님과의 인격적인 교제, 성숙, 자기 계발등은 중요한 사항이므로 여러분의 가치관을 세워 일들을 정리해서 시간을 관리해야 한다.

"세월을 아끼라 때가 악하니라"(에베소서 5:16)는 구절은 중요한 일을 판단해서 시간을 잘 써야 하는데 우리는 우리의 사명과 비전을 위해서 시간을 써야 하겠다.

1. 급하지만 중요하지 않은 일	2. 급하고 중요한 일
3. 급하지도 않고 중요하지도 않은 일	4. 급하지 않지만 중요한 일

○ 멀티태스킹

나의 경우에는 멀티태스킹이 더욱 효율적으로 일을 하게 하는 동력이다. 사람마다, 그리고 일반적으로는 one-at-a-time이 생산성이 높다는 연구 결과가 지배적이다. 그러나 나 같은 경우에 한가지 일만 하면 쉽게 질리는 경향이 있어서 이 일하다가 다른 일을 하면서 머리를 식히는 식의 멀티태스킹을 가지고 일을 하니 더욱 효과적이었다.

공부하거나 책 읽다가 질리면 밀린 골프연습을 하고 골프 치다 힘들면 다시 일을 하고, 일을 하다가 재미 없으면 책원고를 쓰고, 꼬리를 물고 돌아가는 구조가 나의 머리를 재충전하여 활력을 준다. 이런 스킬들도 많은 일들을 하게 하는 훈련이 된다.

○ **하나님은 시간을 잘 관리하는 사람에게 더 효율성을 주신다**

시간은 24시간 사람마다 똑같지만 24시간 동안 할 수 있는 일의 양은 사람마다 틀리다. 이것도 근육처럼 훈련하면 최대한 효율적으로 활용할 수 있다. 달란트 맡긴 주인이 5달란트, 1달란트를 잘 써서 재산을 불려놓은 종들에게 아무것도 하지 않은 종의 달란트를 빼앗아 주었듯이 시간의 효율성은 훈련하면 높아진다.

우리는 주어진 우리의 시간들을 재물처럼 소중하게 청지

기 정신으로 관리해야 한다. 시간은 다 나의 것이 아니다. 만약에 어떤 한 분야에 너무 시간을 할애한다면 하나님의 영광을 돌리는데 어떻게 직간접적 영향이 있는지 곰곰히 생각해 보라. 적당한 시간을 벗어난 오락과 취미도 독이 될 수 있다.

○ 남의 시간도 중요하다

크리스천들이 예배 시간에 늦고, 친구들 약속과도 늦고 하는 것은 남의 시간을 소중하게 생각하지 않아서이다. 나 같은 경우에 컨설팅 비즈니스를 하므로 시간은 돈이다. 시간당 몇백불씩 계산하면 약속에 늦은 경우에 금전적 손실이 생각 난다. 사회생활에서 약속은 신뢰이고 크리스천으로서의 얼굴이다. 시간 약속, 만기를 지키는 훈련도 꼭 해야 한다. 미리 약속장소에 적어도 10분 전에 도착하는 습관을 들이면 상대로부터 신뢰와 성실성을 인정 받을 수 있다.

토론 질문

- 당신의 하루 일과, 일주일의 시간과 어디에 쓰는지 분석해 보세요.
- 급한 일입니까? 중요한 일입니까?
- 당신은 청지기 정신으로 시간을 사용하고 있습니까?
- 하나님과의 교제하는 시간은 그중에 얼마나 있나요?

07.
기독교와 세계관

"… 이전 알지 못할 때에 좇던 너희 사욕을 본 삼지 말고, 오직 너희를 부르신 거룩한 자처럼 너희도 모든 행실에 거룩한 자가 되라" (베드로전서 1장 14-15절)

○ 기독교는 세계관이다

기독교는 세계관이다. 우리의 신앙은 세상을 바라보는 관점이며 행동하는 양식이다. 우리의 신앙이 내세적이고 개인적 구원에 국한되면 삶과 신앙은 분리된다. 그래서 우리의 신앙은 일상에서 맞닥뜨리는 모든 사건과 일들에 대해새 하나의 렌즈로 바라볼 수 있는 연습이 필요하다. 그렇지 않으면 우리의 신앙은 주일날 교회 안에서만 있는 폐쇄적이고 편협하고 성·속을 분리한 이원론적인 신앙이 될 수 있다. 네덜란드 신학자이며 총리였던 아브라함 카이퍼는 하나님의 영역이 아닌것이 없다'라고 했다. 모든 삶의 영역은 하나님의 통치와 섭리가 있는 곳이다. 프란시스 쉐퍼는 기독교 세계관을 토마스아퀴나스 이후의 정신계와 물질계의 이원화를 배제하고, 신학과 타 학문 사이의 분열을 멈추고, 복음과 문화를 그리스도 안에서 통일하려고 시도라고 했다.

4차 산업시대의 크리스천 일터와 Business As Mission

○ 세상을 보는 눈은 타자에 의해 강요받는다

우리는 살면서 생각하지 않으면 남들의 사고와 시선으로
사는 경우가 대부분이다. 공통적으로 고민하는 범주가 10대
는 대학, 20대는 취업과 결혼, 30대는 집 장만, 40대는 아이
교육, 50대는 은퇴준비, 60대 이후엔 건강 걱정하면 인생은
다 지나간다. 우리는 의식적으로 자기가 가고 있는 길을 항
상 낯설게 하지 않으면 큰물에 휩쓸려 살 수 있다. 이를 '나이
아가라 증후군'이라고도 하는데 천천히 대세에 끌려 가다가
어느 순간 폭포 절벽 밑으로 떨어지는 것이다.

현대 사회에서 우리에게 자동으로 주입되는 가치관들의 예

돈이 최고
건강이 최고
열심히 일해서 은퇴해서 골프치기
남 만큼 브랜드 있어야
외모 지상주의
자녀들 잘 되어야(좋은 대학, 좋은 직장)
여가는 라스베가스로
크리스천은 정치적, 사회적, 환경적으로 무관심해야

○ 잘못된 정복 세계관의 예

우리는 기독교를 세계관으로 산다고 해서 그렇다고 우리가 세계를 지배하며 살아야 한다는 고지론에 입각해서 정치화하고 권력을 잡아야 한다는 생각은 오해다. 그동안 기독교 제국주의로 인한 식민지 통치는 지역의 원주민들을 학살하고 문화를 말살하고 비기독교적인 방식으로 한것이 사실이다. 한국에 아예 기독교가 정당화하여 정치세력화 하는 것도 위험하다. 하나님은 좌우진영 논리에 속하시는 분도 아니고 한 정당에 국한된 분이 아니다.

한때 '7 Mountain'-교육, 종교, 가정, 사업, 정부, 미디어, 문화예술-에서 정상에 올라 세상을 기독교인들이 영향을 끼쳐야 한다는 7M 운동이 있었는데 하나님은 꼭 요셉같은 총리만 쓰시는 분이 아니다.

4차 산업시대의 크리스천 일터와 Business As Mission

창세기 1장에 '땅을 정복하라고' 명하신 하나님의 말씀을 잘못 이해해서 서구 유럽에서는 땅을 착취하고 환경을 오염하고 식민지를 개척하는 오류를 범했다. 정복하라는 것을 '착취'의 개념으로 이해하니 사랑과 청지기의 정반대인 살육과 착취로 변질 되었다. 아담에게 명하신 동산을 관리하도록 하는 청지기의 정신이 있어야 할 곳에 정복과 착취가 있으니 크리스천들은 특히 환경이나 사회적 문제에 책임을 못 느낀다. 그냥 나와 내가정과 회사만 이득을 보면 끝이고 나머지 거는 하나님이 관심을 가지지 않는다고 생각한다. 성경 전체에 흐르는 하나님의 소외된 자에 대한 관심과 동산에 대한 청지기 정신(환경적 책임또한)을 외면하고 정복과 착취를 하면 안 된다. 되려 '땅은 우주의 일부이고 하나님이 맡겨주신 자원'이라고 생각하는 인디언들의 사고가 더욱 성격적이다.

○ 이분법적 신앙관의 문제

교회 안에 교회 밖에 신앙을 분리해버리는 이분법적인 신앙관은 기독교적 세계관의 부재로 부터 시작된다. 성과 속을 분리하여 하나님은 일주일에 교회 안에만 존재하는 것으로 가둬어버렸다. 평신도들의 일상의 삶에 말씀을 적용하여 살도록 큰 관점과 개인의 삶에 대한 일치된 삶의 권면이 부재했다. 감독들은 많으나 정작 선수들이 삶에서 싸워야 하는 매뉴얼 작업에는 무관심하고 오직 작전타임에 충실한 교인들만 만들었지 경기도중에 어떻게 싸워야 하는지는 안 가르쳤다. 이러다보니 기독교인들의 사회적 책임과 윤리문제, 예수님의 사랑의 대상인 이웃이 교회 안에 데려올 사람에 국한되고, 교회 안에서만 봉사잘하면 하나님일 하는 것이라고 세뇌를 당하였다.

결국 이런 이분법적 신앙관이 부메랑이 되어서 다시 한국 교회를 공격한다. 기도원가서 영적 엑스터시만 바라고 일상의 삶은 아무런 변화가 없고, 집안일 팽겨치고 교회 일만 하는 것이 하나님 일이라고 하는 일이나, 교회 헌금과 선교하면서 불법과 탈세를 이루는 행위는 다시 한번 세계관이 성경적인가 돌아보아야 한다.

○ 문자적 해석에 집착한 성경적 세계관

한국에서는 창조과학이 대세인거 같다. 하나님이 창조했다는 것은 맞지만 '짧은 지구론'에 입각해 성경을 문자적으로 해석하는 것은 너무 무리인거 같다. 성경을 저자의 의도와 하나님을 이해하는 시대적 상황을 고려하지 않고 문자적으로 해석하다 보니 오류가 너무 많아진다. 지구의 역사를 몇 백만년으로 보아도 성경에서 의도하는 바와 모순되지 않다고 생각한다. 간격 이론, 날시대 이론, 성숙한 지구론 등의 여러 이론들이 있음을 성도들에게 알리고 자신의 견해대로 믿게 하면 된다. 이외에도 성경구절을 그대로 인용해서 오는 오류를 우리는 합리적으로 판단해야 한다. 성경에 노예 제도를 묵인하고 충실하게 주인에게 복종하라고 해서 노예제도를 긍정해야 하는 모순을 피해야 하지 않는가. 성경을 보는 커다란 관점과 맥락이 중요하다. 성경을 부분부분 기계적으로 보면 이러한 오류에 빠지기 십상이다.

○ 우리가 가져야 할 세계관

브라이언 월시와 리차드 미들턴의 '그리스도의 비전'에서는 세계관을 이루는 기초로 결국, 4가지의 질문에 우리는 답해야 한다. "나는 누구인가, 나는 어디에 있는가?, 무엇이 잘못되어 있는가? 그 치료책은 무엇인가?"

두 신학자는 세계를 보는 큰틀로 '창조-타락-구속'의 관점으로 본다. 하나님은 에덴동산을 만들고 우리에게 청지기의 무를 주어 관리하게 되었으나, 이내 타락하여 우리기 하나님이 되고자 했으며 이웃을 돌보지 않고 동물들과 환경을 돌보지 않게 되었다. 다시 하나님의 통치가 이 땅에 이루어지며 우리의 창조원형으로 바꾸길 원하신다. 결국 이 땅이 펼쳐진 악에서 이 세상이 하나님이 원하시는 나라로 될 수 있도록 우리의 관점과 목표가 바뀌어야 하는 것이다.

○ 세계관은 개인의 관점이면서 집단의 관점이 된다

개인은 태어나면서 사회와 환경에 영향을 받는다. 살아가는 문화가 저절로 크면서 몸에 밴다. 그리고 남을 모방하면서 자라게 된다(모방이론·르네 지라르). '뭐니뭐니 해도 머니가 최고다', '부자되세요', '빨리 은퇴해서 놀아야지', '때되면 집사야 된다' 등의 가치관들이 여러분의 필터링 없이 금새 세뇌가 되어간다. 우리는 집단의식 또는 무의식에서 자유로울수 없다. 우리의 DNA처럼 스며들었기 때문에 이를 낯설게 하여 인식하기란 쉽지 않다.

○ 일터 사역의 근간은 세계관의 정립이다

일터 사역이니 BAM도 결국 성경적 세계관이 확립되지 않으면 결과만 초점을 둔 의미없는 일이된다. BAM을 하나의 사업하는 테크닉으로 이해하면 사회적, 비기독교인들에게 전혀 영향력을 줄 수가 없고 되려 지탄의 대상이 될 수 있다. BAM이 핫 이슈이다보니 온 갖사람들이 다 BAM을 한다고 하지만 이러한 세계관의 Shift가 없으면 껍데기에 불과한 BAM을 할 수 있다.

토론 질문

- 당신의 세상을 바라보고 살아가는 가치관은 무엇입니까?
  (세 가지)
- 그 가치관은 내가 생각한 것입니까? 아니면 세상의 가치관을 무작정 따라한 것입니까?
- 기독교의 가치관이 여러분의 일터, 살아가는 방식, 소비, 경제, 문화와 어떤 연관이 있습니까? 여기서 차이나는 GAP을 어떻게 줄여나갈 수 있습니까?

08.
크리스천의 은퇴 준비

○ 세상은 은퇴 준비가 인생의 목적인 양 산다

인생의 의미 없이 동물처럼 생존과 안위에만 연명하는 삶이 이어지면 백년, 2백년을 살아도 무슨 의미가 있는가? 인간이 인간다운 것은 의미를 찾고 Higher Purpose를 위해서 사는 것이다. 그러나 세상은 '왜 사는지'에 대해서는 함구하고 잘 먹고 잘살고 더 많이 모아서 빨리 은퇴하는 삶만 강조한다.

더 본질적인 물음에 답하지 않으면 은퇴의 의미는 없다. 인간을 먹고사는 거 걱정하고 살라고 하나님이 인간을 창조했다면 하나님 자체가 얼마나 유치한 분인가. 그럴리 없다. 세상에 모든 것에는 목적이 있다는 목적론자들과 아무 의미 없다는 무목적론들과 나눌 수 있다. 결국 유신론자와 무신론자의 차이이다.

목적이 없이 만들어지는 사람들의 관점에선 세상에 일어나는 모든 일들이 그냥 우연이라고 본다. 그러므로 얼마나 불안과 걱정으로 살아야 하나. 그러니 돈을 더 모아야 하겠고 보험도 더 큰 걸로 들어야 하겠고 재정적인 은퇴에만 포커스를 둔다. 그러나 크리스천들은 그 이상의 관점과 비전을 가져야 한다. 그의 나라와 의를 구하라 했는데, 나의 나라와 은퇴준비를 구하라 하지 않으셨다.

○ 은퇴 플랜의 함정과 수명의 연장

기존에 은퇴 플래너를 만나면 수명을 약 80년 정도 본다. 그러나 점점 100세 시대니, 젊은 세대들은 130세, 150세, 또 2050년경에는 인간이 평생 살 수 있다는 전망이 있다. 점점 늘어나는 수명에 대해서 은퇴재정을 준비하는 것도 한계가 있다. 그렇다고 은퇴 재정이 불필요하다는 것이 아니라 이것만 믿고 사는 것이 재정적으로 안정될 수 없다는 얘기이다.

결국 은퇴의 개념도 바뀌어야 한다. 일은 어느 정도 하는 것이 좋다. 정신건강과 재정적인 이유이기도 하고, 그 많은 시간을 어떻게 보낼 것인가. 삶의 양이 중요한 것이 아니라 질이 중요하다. 주안에 의미 있는 일을 찾아야 한다.

○ 건강이 최고라는 환상

한국에 TV를 보면 온통 맛있는 것과 건강을 챙기는 TV 콘텐츠가 상당부분을 차지한다. 몸에 뭐가 좋다더라 뭐가 안 좋다더라 하는 각종 정보의 호수에서 팔랑귀처럼 흔들릴 때가 많다. 물론 건강하게 하나님이 주신 몸을 성전처럼 유지해야 하는 것도 중요하다. 하지만 너무 거기에 집착하여 사는 것도 문제이다. 그렇게 건강을 챙기다가 생각치 않게 암으로 돌아가시는 분을 많이 본다. 어찌 우리의 생명이 우리에게 있지 않고 하나님의 손안에 있기 때문이다.

건강은 생각하되 우리의 살고 죽음도 하나님께 있으므로 우리는 대범하게 살아야 한다. 보통 건강의 문제가 육체적인 부분보다는 정신상의 요인이 더 크게 작용한다. 보통 크리스천의 경우에 하나님과의 제대로된 인격적인 교제가 있으면 삶이 견고하다. 그러므로 세상의 걱정과 불안이 없어지고 대범해진다. 그러므로 스트레스 없는 정신 건강이 곧 육체의 건강을 유지하는 비결이 된다. 보통 목사님들이나 믿음이 좋은 크리스천들을 보면 얼굴에서 빛이 나는 경우가 그렇다.

ㅇ 세미 은퇴자들의 등장

아이들 교육이 끝나고 출가하면 부부의 재정 지출의 규모가 줄어든다. 그러면 전에 살던 생활비가 반내지 상당히 줄어든다. 그러면 예전처럼 일을 많이 하지 않아도 된다. 돈을 버는 생계수단의 일은 많이 하지 않아도 된다. 그렇다면 의미 있는 일이나 자신이 좋아하는 일로 돈을 벌 수 있는 기회들이 많이 생길 것이다. 또한 어느 나이가 되면 은퇴할 것이라는 이분법적인 사고가 멈출 수 있다. 특히 남성들은 일을 멈추는 순간 자기의 정체성을 잃어버리는 경우가 많다.

젊은 나이라도 세미 은퇴자처럼 살 수 있다. 나의 경우 중간 중간에 직장을 쉬어보면 도무지 시간을 어떻게 써야 할지 모르겠다. 은퇴 후라도 적당한 일과 의미 있는 일을 해야 하지 않나. 미리 젊을 때부터 반은퇴자처럼 적당하게 일하고 나머지 시간은 자기하고 싶은 일들을 할 수 있다. 취미 생활도 하고, 그로 인해 돈이 벌리는 경우도 있으며, 취미와 돈 버는 수단인 일의 경계가 모호해질 것이다. 그리고 일정 시간은 사회봉사나 교회 및 선교사역(굳이 교회 안에서만 하는 사역을 얘기하는 것이 아님)을 하는데 시간을 해야 한다. 기존에 목회자들의 재정적인 문제도 있고 평신도들의 세상과의 소통성이 좋기 때문에 앞으로는 각자의 일을 통해서 선교사처럼 살 기회가 더욱 많을 것이다.

○ **평생 학습**

우리는 대학 때 배운 것들이 100세, 120세, 150세를 살면서 그리고 4차 산업시대를 맞아, 무용해질 수 있다. 새로운 기술들이 발전하면서 우리는 계속해서 공부해야 한다. 기술적인 분야, 인문학, 경영, 경제 모든 분야를 두루 섭렵해야 한다. 그렇지 않으면 도태되어 간다. 비즈니스를 하거나 직장생활을 하려면 지속적으로 자기 계발을 해야 한다. 십일조처럼 우리의 일정 시간은 자기 계발에 쏟아야 한다. 세상은 변화고 새로운 기술들이 나오면서 우리는 새로운 흐름의 파도에 서핑을 해야 한다. 겉 사람은 후패하나 속사람이 날마다 새로우려면 우리의 영성과 지성을 날마다 훈련하고 발전시켜야 한다.

○ 꼰대가 되지 않기

나이 드신 세대들이 젊은이들에게 훈계를 하는 것이 미덕인 시대가 있었다. 그런데 그건 직선적인 역사환경에서 자신의 경험이 그대로 자식들이나 젊은 세대들에게도 적용이 되기 때문이다. 그러나 요즘의 세대는 선형적인 시대가 아니다. 비즈니스 환경과 기술의 발전으로 인류의 행동양식에 큰 변화가 생겼다. 꼰대들의 잔소리가 작동되지 않은 경우가 많다.

꼰대들이 되지 않기 위해선 그들과 공감해 주고 잔소리를 최대한 자제해야 한다. 나이든 사람들이 존경받고 지혜를 물려주던 시대가 지나간 것이다. 다만 우린 신앙의 선배로서 어떻게 믿음을 지키고 변화된 세상에서 젊은 이들에게 모범이 되어 갈지 고민해야 한다. 말로만 아니라 행동으로 신앙의 삶을 보여주는 것이 중요하다. 나이가 들면 입술은 다물고 지갑은 열라는 말을 생각해야 한다.

○ 나이 듦, 성화의 과정, 신의 성품에 가까운 자 되기

우리는 죽을 때까지 믿음의 경주를 하는 존재다. 그리고 신의 성품에 가까운 자가 되어야 하는 자들이다. 그렇다면 나날이 깨닫고 실천하는 존재가 되어야 한다. 나이 들면서 육체는 약해지나 삶에 대한 평안과 혜안이 생기는 기쁨은 하나님이 주신 축복이다. 하나님을 알아가는 지식이 날마다 성장해야 한다. 하나님을 알아가면 알아 갈수록 오묘한 분이다. 나이 드신 분의 믿음과 마음이 딱딱히 굳어가는 것을 많이 본다. 믿음도 정지하고 알아가려는 생각도 없고 몸만 교회 다니는 분을 많이 본다. 육체의 나이는 80세인데 하나님을 아는 지식은 1살이라면 얼마나 안타까운 일인가.

우리의 믿음은 날마다 물 주고 싹이 트고 열매 맺기 위해서 비료도 주고 가지치기도 해야 한다. 그렇지 않으면 성장도 안되고 매말라 죽는다. 기술의 발전으로 수명을 길어가는데 천당에 가는 하나님을 알고 실천하지 않으면 무슨 변명을 하랴. 같이 고민하자.

○ 나이는 숫자에 불과하다.
  어떻게 생각하고 사느냐가 중요하다

요즘 인터넷에 박막례 할머니의 유튜브가 인기다. 책도 내고 활발히 활동 중이다. 나이는 숫자에 불과하다. 어떤 정신을 먹느냐에 달렸다. 은퇴 후 죽는 날만 카운트하다가 가면 얼마나 허망하랴. 우리는 죽는 날까지 하나님의 사명으로 날마다 두근거리는 삶을 살아야 한다. 성경의 인물들 중에 하나님이 젊을 때 고생시키고 나중에 나이들어 쓰시는 경우가 많다(모세, 아브라함 등). 우리는 하나님의 계획 속에 있다. 우리는 나이 들어도 하나님의 쓰임받는 수단이 될 수 있다.

요즘 은퇴 후 선교사로 가시는 분이 많다. 자기의 커리어을 이용해 선교나 봉사활동을 하는 경우가 많은데 바람직한 추세다. 나이가 젊어도 삶의 두근거림이 없으면 그 사람은 이미 노인이다. 날마다 두근거리는 삶을 살 수 있도록 소명과 비전을 찾아 하루하루 전진하는 삶이 우리의 바람직한 인생의 여정이 아닌가 생각된다. 우리는 겨우 생존을 위해서 태어난 동물이 아니다. '호모 비저넨스(Homo Vision+ens)'다.

토론 질문

- 당신의 은퇴 재정 계획은 무엇입니까? 혹시 걱정과 불안이 되시나요?
- 당신은 은퇴 후 무엇을 할 것인가요? 당장 지금 돈이 1000억이 생긴다면 오늘부터 어떤 은퇴 생활을 할 것인가요?
- 하나님 나라와 의를 구하기 위한 은퇴 계획은 있나요?

09.
기독교와 지성

○ 한국의 반지성적 기독교

한국의 기독교 신앙은 감정적인 요소가 많이 작용한다. 뜨겁게 체험하고 방언하고 기도원 가고 성령집회에는 강하나, 일상에서의 생각하고 깊이 묵상하고 지적활동을 통해서 지성적 신앙생활은 약하다. 큰 교회에서 목사님이 세습을 하여도, 비리를 저질러도 지성적 판단을 내려 쓴소리를 하는 성도들이 적다. 이는 목회자의 그림자는 밟지도 않는다는 유교적 사상이 녹아 있고, 목회자를 하나니의 종으로 생각하여 평신도 보다는 위에라고 생각해서 감히 발언을 내기도 어렵다.

강단에서 목사님들이 선포되는 말씀은 하나님의 대언으로 선언되므로 평신도들이 질문하고 따져보는 것은 힘들다. 평신도들은 그냥 단순히 가르치고 교회 일들을 빵빵히 돌려야 교회가 돌아가므로 많이 가르치는 것은 좋지 않다는 생각도 있다. 그저 아멘아멘 하는 신앙은 우리의 신앙을 맹목적이고 교조적으로 만들 수 있다. 한국 교회가 한때 열심주의로 전도·선교에는 집중하였으나 '신앙과 사고의 단순주의(simplicity)'에 빠져 자기자신조차 사리분별이 안 되고(각종 세습과 건물외형주의에 빠져) 오늘날 세상이 기독교를 염려해주는 지경에 빠졌다.

○ 포인트 없는 지식만을 강조하는 경우

어떤 경우에는 양육 프로그램이 너무 많아 탈이다. 양육을 안하는 교회도 문제지만, 단순 지식주입식의 일방적 교육방식이거나, 아니면 성경의 큰 맥락이나 신학적 틀 없이 중요하지 않고, 추상적이고 교리주입식 교육을 하다 보니 아무리 성경 구절을 외워도 성경 큰 틀의 맥락을 이해하지도 못한채 앵무새처럼 성경구절만 되새기는 경우도 있다. 아무리 교육클래스를 들어도 별로 신앙도 자라지 않고 그냥 감흥 없는 정보만 있을 뿐이다. 몇 년도에 어떤 지명에서 누가(이름도 어려운 경우가 많다) 했는지는 달달 외우지만 정작 예수님이 이 땅에 오셔서 전하려 했던 복음이나 성경을 통해서 하나님이 우리에게 말씀하시려는 뜻은 모르는 경우가 많다.

○ 자기언어로 표현하는 신앙

주입식 신앙교육을 넘으려면 자기가 고민하고 질문하고 자기만의 언어로 표현할 수 있어야 한다. 그리고 터득한 진리를 삶으로 살아내야 한다. 진리라 함은 '실천적 진리(프락시스)'가 되어야 한다. 아무리 립서비스를 해도 실천하지 않으면 자기의 신앙이 아니다.

아무리 "당신은 구원받았나요?"라는 질문에 "예."라고 대답하고, 사도신경· 주기도문을 외워도 그것이 깊이 묵상되어 자신의 명제가 되지 않고 삶이 되지 않으면 당신의 진리가 아니다. 자기의 언어로 그것이 새롭게 표현되어 남에게 설명을 할 때 그것이 전도가 되고 선교가 되는 것이다.

○ 비즈니스맨은 지성과 영성의 두 날개로 난다

이어령 교수는 한때 기독교인이 되면서『지성과 영성 사이』란 책을 통해서 자기의 신앙 고백과 지성과 영성을 겸비한 기독교인이 될 것을 강조했다. 나 또한 많은 공감이 갔고 그의 문학적 달란트로 표현한 성격해석이라든가 기독교를 보는 관점은 신선했다. 그런 분이 기독교인이 된 것은 좋은 목사가 좋은 설교를 하는 것보다 훨씬 영향력이 있다.

비즈니스맨들은 특히 영성과 지성을 겸비해야 한다. 보통 지성이 있으면 영성이 약하고 영성이 강하면 지성이 약하다. 그러나 우리는 둘 다 겸비하도록 노력해야 한다.

○ 생각하지 않는 신앙·질문하지 않는 신앙

인간은 지·정·의로 되어 있다. 한국 교회는 정적인 요소가 강한데 지적인 요소와 실천할 수 있는 '의(지)'가 중요하다. 로

보트처럼 "아멘." 하는 신앙보다는 질문을 해야 한다. 비판적 성찰이 신앙을 굳건하게 만든다. 처음 기독교에 입문하면 무수히 많은 질문들이 생긴다. 그러나 아무도 묻지 않고 아무도 대답해 주지도 않으면 시간이 지나면 지날 수록 모르는게 챙피해서 아는척하는 성도들이 되기 쉽다. 발가벗은 임금이 옷을 입었다고 하는 것처럼 뜻도 모르고 말하는 앵무새는 되지 말자.

현대 신학자인 폴틸리히의 신학에 의심하고 질문하는 신앙의 중요성을 얘기한다. 그의 신학을 이 시점에서 중요한 이유는 오늘날 우리 한국 교회의 '질문하면 믿음이 없다'는 무사고주의적이고 반지성적인 '열심이데올로기'를 타파할 때라고 생각한다.

○ 공부하지 않는 목회자·고민하지 않는 성도

신학교 3년 동안 배운 신학지식으로 평생 목회를 한다는 것은 불가능하다. 그러려면 부지런히 공부해야 한다. 설교 짜집기하고 강단에서 선포된 감흥없는 설교는 성도들의 영혼을 더욱더 메마르게 한다. 목회자의 고민된 철학이 없으니 프로그램이나 시스템을 쫓아간다. 목회자는 부지런히 성경말씀을 연구하고 신학적 연구와 인문학, 여러 잡학들을 두루두루 알아야 한다. 세상은 변하고 성도들의 지적수준은 높은데 목회자가 공부를 게을리한다면 성도들을 이끌 수 없다.

성도들도 고민하지 않으니 목회자들이 소화하기 어려운 지적인 설교는 하지 못한다. 성도들 또한 고민하고 하나님을 알아가는 지식이 날마다 있어야 한다. '이순신 장군은 구원을 받았나'라는 질문서부터, '기독교인들은 술을 마셔도 되는가' 등 궁금한 것들을 질문해야 목사님들도 공부한다.

○ 생각의 근육 키우기

우리는 질문하고 답하는 문화를 키워야 한다. 답이 없어도 내가 질문하고 답하는 사이에 진리를 깨닫는 순간이 많다. 소크라테스의 산파법처럼 공동체나 모임에서 그런 질문들을 쉽게 던지고 토론하는 문화를 만들어야 한다. 그러나 한국문화에서는 이런 게 어색하다. 그저 정해진 교리는 질문하지 않는다.

우리는 평소 생각을 길게 하지 못한다. 당신의 하루를 보라. 진정한 생각하는 시간은 하루에 몇분이 안 된다. 밥 먹고 씻고 출근하고 일하고 퇴근하고 TV보고 자면 하루는 끝이다. 언제 생각을 하나. 생각이란 여러 종류의 생각이 있다. 갑자기 드는 생각은 좋은 아이디어를 가져오는 경우가 많다. 샤워하다가 문득 경치를 보다가 하는 것이다. 그럴 때는 꼭 메모를 해야 잊어버리지 않는다. 또 하나는 하나의 주제나 이슈에 대해서 곰곰히 생각하는 것이다. 이때는 깊이 묵상하는 생각을 해야 한다. 큰 그림도 보면서 미세한 그림의 디테

일도 살피며 하는 생각인데, 현대의 사람들은 깊은 사고의 능력은 떨어진다.

요즘 사람들은 유튜브니 TV니 가볍고 말초적인 재미에 익숙해져서 머리 아픈 것은 싫어한다. 'Idiocracy'라는 영화를 보면 미래에는 로봇이나 인공지능의 등장으로 대다수의 사람들은 지능지수가 되려 낮아진다. 그냥 먹고 재미 즐기고 그냥 사고하지 않는 인간이 되어 버린다. 요즘 크리스천들도 그런 위험에 있다. 유튜브에는 사실에 근거하지 않은 썰들과 정보들의 홍수인데, 우리의 사고를 결코 늘려주지 않는다. 그렇다 보면 카톡을 통해서 유통되는 거짓 정보에 많은 크리스천들이 팩트체크 없이 유통을 시키고 있다.

근거 없는 뉴스를 퍼트리는 행위도 죄이다. 우리는 사실에 근거해서 성경에 근거해서 그리고 하나님의 관점으로 사물을 보는 연습을 해야 한다. 평소에 뇌를 쓰지 않으면 앞으로 세상은 더욱 복잡해져 가는데 우리는 세상의 프레임에 살 수밖에 없다. 유발 하라리가 쓴 '호모 사피엔스'에 인지혁명으로 인간은 다른 동물과 구별된 계기가 되었다고 하듯이 인간이 생각을 멈추는 하나님의 디자인대로 살지 않는 것이다.

○ 성경과 기도, 독서의 도움

생각의 폭을 넓히고 깊이를 더하려면 깊이 성경을 묵상하고 깊이 기도하는 습관이 필요하다. 성경 묵상을 깊이 하면 사물을 관찰하여 꿰뚫어 보는 힘이 생긴다. 기도 또한 중언부언 하는 기도 말고 깊이 사색하는 기도를 하면 여러 가지 아이디어와 하나님의 뜻, 음성이 들린다.

또한 독서를 통해서 나보다 훌륭한 사람들의 사고들도 참고하면 좋다. 독서를 하지 않으면 자신의 생각의 폭이 늘지 않는다. 독서를 하지 않으면 생각이 그자리에 맴도는 것을 많이 느낄 것이다. 크리스천들이 성경 외에 책을 소홀히 하는데 그렇지 않다. 성경도 중요하고 책도 중요하다. 여러분은 책을 통해 위인들을 만나고 시행착오를 줄일 수 있다. 특히 비즈니스 하는 사람들은 책을 통해서 흐름을 읽고 경영철학을 만들고 사람을 보는 인문학적 안목이 필요하다. 크리스천들이여 책을 읽고 생각하자!

토론 질문

- 당신은 하루에 얼마나 능동적으로 생각을 하면서 삽니까?
- 당신이 생각하는 주제들이 있습니까?
- 당신이 생각하는 주제들에 대한 발전이 있습니까?

10.
기독교와 경제

○ 우리 신앙의 대부분인 돈과 경제

우리의 삶은 돈, 경제와 떼려야 뗄 수 없는 관계이다. 예수님은 최대의 적을 돈으로 말씀하셨고 우리의 삶의 큰 프레임으로 작용하는 것이 경제논리이다. 돈, 경제를 떠나서는 우리의 신앙을 얘기하는 것은 불가능하다. 그러나 돈이나 경제에 대해서 그다지 심도있게 교회 안에서 다루지 않는다. 헌금강요와 안락한 성도들의 재테크 수단으로서의 재정강의 정도가 현실이다. 큰 프레임(경제, 자본주의)에 대해서는 기독교적 접근이 많지 않고 신학적 공백지역이다. 이는 신학과 경제를 동시에 아우르는 학자나 성도들이 부족하다. 그에 대한 신학적 연구도 많지 않다. 경제에 대해서 얘기는 하지만 경기가 좋냐 마냐의 틀 안에서의 분석 정도이다.

○ 돈이 뭐죠?

인간은 화폐를 발명함으로써 가치의 저장성과 교환성을 편리하게 만들어 준 혁명이 되었다. 쌀을 백 가마니 갖는 것보다 돈으로 환산된 것을 저장해 놓으니 편하다. 수렵채취 시대에는 음식의 저장이 쉽지 않았다. 농경시대로 바뀌고 다시 화폐의 발명으로 우리는 내일 먹을 거, 한 달 먹을 거, 일 년 치를 돈으로 저장한다. 만나를 먹던 사람들이 하나님이 주신 하루살이의 인생을 벗어나려 고안한 것이다.

하나님은 그나마 '돈'을 동기로 이 세상이 돌아가게 만들었다. '보이지 않는 손'은 하나님이 만드신 손이다. 애덤 스미스가 국부론에서 보이지 않는 손으로 세상이 자연스레 수요·공급 법칙으로 적정가격을 이루며 경제가 돌아가는 것을 발견한 것은 신의 디자인이라 생각한다. 그나마 최소한 돈을 위해서라도 인간은 남을 섬기고 봉사하게 만든것이다. 이것이 결국 하나님의 사랑으로 이웃을 섬기게 되는 동기의 전환이 성화의 과정이라 생각한다.

돈은 관계에서 나오게 되어 있다. 사람과 사람을 만나는 접점이 경제활동이 이루어 진다. 내가 돈을 번다는 것은 그 반대급부를 준다는 의미이다. 때로는 돈은 노동의 저장이다. 나의 백만 원은 알바의 한 달 월급이 될 수 있고 부자의 하루 식사값이 될 수 있다. 최저시급으로 계산된 백만 원은 한 달의 노동을 의미할수도 있다. 또는 착취의 저장일 수도 있다. 누군가 희생한 대가가 돈인데 누군가는 희생하여 만들어진 가치일 수도 있다.

○ 맘몬니즘, 모든 세상 사람들의 목적

모든 사람들이 '부자 되세요'라고 외친다. 인생의 목적을 알지 못한 채 뜬금없이 돈이 최고라는 세상의 가치에 우리는 저항하기 힘들다. 돈은 목적이 아닌 수단이다. 그러나 목적이 되어서 부자는 더 큰 부자가 되려고 한다. 돈을 벌어서 사회환원하거나 선한 목적을 위해 부자가 된다고 하는 사람을 못 보았다. 크리스천 또한 적당히 헌금, 십일조 하면 나머지는 나를 위해 어떻게 쓰든 하나님은 상관하지 않을거라 생각한다. 예수님이 부자 청년이 구원받기 위해서 무엇을 해야 하냐고 했을 때에 재산을 팔아 가난한 사람에게 주라고 했을 때에 부자 청년은 갈등하다 예수님의 말씀을 실천하지 못하고 돌아선다. 우리의 모습이 아닌가.

자크엘룰(프랑스 사회학자이며 신학자)은 '하나님이냐 돈이냐' 저서에서 "돈은 결코 중립적이지 않다. 예수는 돈을 의인화하고 그것을 일종의 신격으로 다루신다. 이것은 당시 그분이 처한 문화적 환경에서 가져온 생각은 아니다. … 이처럼 예수가 돈을 인격화한 사실이나 돈에 신성을 부여했다는 사실은 … 돈에 대해 뭔가 특별한 점을 계시하는 것이다. 왜냐하면 신격화나 인격화는 예수의 평소 언어 습관이 아니었기 때문이다."라고 했다. 얼마나 예수님이 돈의 속성을 잘 알기 때문이지 않았을까.

○ 자본주의는 최대의 발명품인가?

90년대 구소련의 붕괴로 자본주의의 승리를 말한다. 공산주의의 실패는 곧 자본주의에 반사이익을 주었다. 유발 하라리는 자본주의를 종교라고 했다. 이제는 자본주의만이 살길이라는 신념이 종교화하여 모든 삶을 지배한다. 자본주의는 누가 발명한 것이 아니라 자생적으로 생긴 경제흐름이다. 인간의 이기심과 잘 들어맞는 경제 시스템이다. 우리는 의식의 근본을 이루는 자본주의의 큰 맥락 속에 살지만 낯설게 느끼며 왜 이렇게 사는지 궁금해 하지 않는다. '왜 경제는 해마다 성장해야 하는가' 경제 성장률이 떨어지면 큰일 난다고 뉴스에선 난리이다. 수학공식상 해마다 경제가 성장한다면 복리로 계산하면 언제가는 무한 급수로 나아갈 텐데 지구의 자원과 환경이 그것을 뒷받침 할까 의아해 하지 않는다. 왜 경제지표가 잘 사는 나라의 기준인지도 의심가지 않는가?

경제의 큰 흐름을 추적하면 공리주의자들의 등장으로 사회적 선은 최대다수의 최대행복을 이룰 수 있으면 선이라고 간주하는 사회합의를 강조했고, 18세기에 애덤스미스의 국부론에서 보이지 않는 손과 분업에 대한 이론적 기초를 깔면서 근대 자본주의의 형성을 이루어 갔다. 마침 산업혁명이 일어나 자본은 산업가들에게 축적되어 갔고 생산수단을 소유한 자본의 역할이 컸다. 이에 칼막스는 자본론에서 노동가

4차 산업시대의 크리스천 일터와 Business As Mission

치설이라는 이론으로 자본의 축적이 '노동'의 가치로부터 나온다는 것으로 자본가는 이들의 희생과 착취로 자본을 이루어 가는 것을 비판했다. 자본으로부터, 기계로부터 인간이 소외되는 현상과 언젠가 자본주의는 망할 것이라는 전망도 했다.

막스베버는 '프로테스탄티즘의 윤리와 자본주의 정신(The Protestant Ethic and the Spirit Capitalism, 1904)'에서 자본주의의 발전이 기독교의 청렴, 성실, 검소에서 나온다는 현상을 관찰하고 기독교의 정신이야 말로 사회를 발전시키는 동력으로 보았다. 이로 인해 기독교와 자본주의의 결합이 더 이상 이상하지 않았다.

이후에 경제에 대해서 정부의 간섭이냐 아니면 시장에 맡겨야 하는 것인가 큰 학파-주류 경제학(신고전주의, 시카고학파 등) vs. 비주류 경제학(케인즈, 스티글리츠, 피케티, 장하준, 강수돌, 신현준, 정태인 등)이 엎치락뒤치락 아직도 이론적 싸움을 하고 있다. 결국 정치도 경제적 이론이 어느 쪽이냐로 나뉜다. 미국 공화당은 주류 경제학(시장자유, 정부간섭배제)와 민주당은 비주류 경제학(정부간섭)으로 나뉜다. 한국도 비슷하다. 보수는 주류 경제학, 진보는 비주류 경제학이다. 한국에서는 비주류 경제학을 빨갱이 취급하는 이데올로기 프레임에 갇혀서 전혀 생산적인 토론이 안 되는 것이 안타깝다.

○ 신자유주의, 세계화 그리고 다시 보호무역주의로

90년대에 신자유주의 열풍이 불고 세계화 바람이 불어서 전세계가 하나의 경제권으로 움직이는 추세였다. 후진국은 선진국들에게 시장을 개방하여 선진국들의 상품과 서비스를 수입하게 된다. 후진국들의 낙후된 농업들은 초토화가 된다.

최근에 미국의 트럼프 정부의 등장은 다시 보호무역으로 기조가 바뀌면서 전세계가 보호무역주의로 바뀌었다. 리카르도의 자유무역론에 의하면 자유무역을 해서 각국이 잘하는 것을 생산해 서로 무역하는 것이 큰 그림으로 볼 때 윈윈이라는 것이다. 트럼프의 등장으로 세계화, 신자유주의에 제동이 걸리면서 국가 간의 무역을 벽을 높이고 있다.

정부는 작되 시장에 자유를 주는 것은 신자유주의 이념이나 무역은 또 보호무역으로 가니 짬뽕이 되어 버렸다. 신자유주의의 병폐(부의 양극화, 국가 간의 격차 등)가 보호무역으로 인해 어느 정도 자국의 산업을 보호하므로 완충이 될 수도 있으나 한국같이 수출주도형 국가에선 타격이 크다.

전에는 신자유주의와 세계화에 대한 비판의 목소리가 많았지만 이제는 트럼프의 등장으로 상황이 더 복잡해졌다. 결국 이러한 변화들의 우리의 삶과 우리의 이웃과 사회, 환경에 어떻게 영향을 미치는지 다시 고민해야 한다.

○ 일자리의 감소와 무인화, 인간의 소외

산업혁명으로 인해 기계가 인간 대신 일하는 시대가 왔다. 영국에서 19세기 초에 러다이트 운동(기계 파괴운동)이 일어나 인간의 일을 빼앗는 기계들을 부수는 웃지 못할 사건이다. 자본주의 속성상 효율성과 생산성은 아주 중요한 요소이므로 점점 기계와 로봇, 인공지능 등장으로 인간의 일자리는 줄어 들고 있다. 일찍이 미국에서는 노동유연성을 위해 수시로 회사가 어려우면 해고를 할 수 있고, 비정규직, 독립계약자 등의 조건으로 일하는 직원들도 많이 있다.

한국에서는 청년실업이 문제이다. 그러나 단순히 경기의 문제가 아니라, 산업구조가 이제는 노동집약적이지 않다. 사무직 또한 인공지능의 등장으로 인해 업무효율성이 증가했다. 많은 인원이 필요하지 않다. 자본주의가 돌아가려면 효율성과 생산성에 근거한 자율경쟁이므로 인간은 기존에 하나의 생산요소로서 존재했지만 이제는 사람보다 머리좋은 인공지능이, 일해도 지치지 않는 로봇이 대체하고 있는 것이다. 결국 인간은 로봇, 인공지능으로부터 소외된다. 노동에서 소외된 인간들이 할 일을 고민해야 한다.

ㅇ 모든 인간과 공동체의 동기를 이윤추구 목적으로 왜곡시키는 사회

자본주의는 모든 것을 상품화 한다. 인간의 남을 돕는 선한 양심이 돈으로 보상을 받는 메커니즘이 자본주의이다. 결국 돈이 안되면 인간 행동의 동기가 발동되지 않는다. 모든 것이 경제논리로 해석되어 인간의 가치를 돈으로 환산한다. 기독교의 정신이야 말로 이러한 돈의 논리에서 초월해서 하나님의 관점으로 살 게하는 능력을 주신다. 돈이 우리를 살게 하는 것이 아니라 우리가 돈을 초월에서 하나님이 주시는 은혜와 물질의 공급을 잊어서는 안 된다.

ㅇ 번아웃 사회

한국엔 요즘 젊은 사람들 사이에 '워라밸'이란 단어가 유행이다. 돈보다는 삶과 일의 균형을 맞추는 사람들이 늘고 있다. 바람직한 현상이다. 윗세대에서는 열심히 사셨고 특히 남자들은 밖에서 일만 하면 되는 세대였으나 이제는 그렇지 않다. 요즘 가장은 능력도 있어야 하지만 가정도 잘 돌봐야 한다. 예전에는 일만 열심히 하는 게 미덕이었지만 요즘은 그렇지 않다.

특히, 워커홀릭이 되지 않도록 조심해야 한다. 직장은퇴자 중에 가장 많이 듣는 말이 앞만 보고 달렸다라는 얘기이다. 가끔은 옆도 보고 하늘도 보아야 한다. 자신의 허전함을 채

우려고 혼자 만의 시간이 싫어서 하나님과 나와 대면하는 어색하는 시간이 싫어서 일에 몰두하는 사람들은 반드시 나중에 후회한다. 하나님이 안식의 메커니즘을 만들어 놓을 것을 경시하면 안 된다.

○ 금융자본주의

미국은 산업자본주의에서 금융자본주의시대로 넘어온 나라이다. 미국에 유수의 MBA를 나온 학생들이 가장 선호하는 곳이 월가이다. 모든 산업위에 결국은 돈을 빌려준 은행과 투자회사들이 경제의 피라미드 맨 위에 위치하고 있다. 상당한 보수와 보너스가 그들을 유혹한다. 그러나 2008년 금융위기의 원인 중 일부는 엘리트 집단의 윤리와 돈에 대한 욕망이 작용했다.

돈은 무서운 괴물이다. SBS에서 제작한 '최후의 제국'을 보길 추천한다. 미국내에서 집이 없어서 모텔에 사는 아이들을 보고 놀라지 않을 수 없었다. 돈이 돈을 만드는 사회. 존 갈브레이트는 자본주의 하에서는 사람이 사람을 착취하고 사회주의 하에서는 그 반대다라고 했다. 결국 어느 시스템이든 인간의 욕망으로 인해 인간이 인간을 착취하게 된다.

○ 자본주의와 한국 교회

한국에서는 70, 80년대의 고도 경제성장과 교회의 성장이 같이 일어났다. 열심히 일하면 보상받는 시대였다. 교회 와서 복 받고 잘 사는 신념이 강했다. 미국에선 교회가 기업이 되었고, 한국에서는 대기업이 되었다.

○ 기독교에서 보는 경제관

대체적으로 시장체제와 친화적이다. 칼뱅의 직업소명설이 후에 근면, 성실의 가치로 부를 축적하였다. 특히 한국 교회는 한국 자본주의 성장과 더불어 같이 성장하여 떼려야 뗄 수 없는 관계이다.

자본주의 시스템 안에서 '축복받고 성공해라'라는 가치가 팽배하였으나, 사회적 약자에 대해서는 침묵한다. 교인들이 헌금 잘 하면 어떻게 번 돈이든 상관하지 않는다. 간증 집회도 누가 예수믿고 돈을 많이 벌었다더라의 성공 간증이 주를 이뤘다. 부러우면 '너도 교회 나와서 너도 성공해라식'의 전도가 통했다. 성도들이 사는 자본주의의 틀을 보여주고 하나님이 원하는 방향으로 모색하는 노력은 하지 않고, 다시 성도들을 자본주의에 돈 버는 우상에 빠지게 하는 노예로 만들어 버린다. .

신학에서도 경제신학을 하는 학자들이 많이 없다. 간단히 살펴보면 자본주의, 특히 신자유주의를 표방하는 신학자들 마이클 노박, 피터 버거 등이 주류이다. 특히 미국 기독교 성장에는 미국식 경영기법을 도입한 대형 교회들의 등장은 기업경영을 연상시킨다. 하지만, 많은 신학자, 기독교 학자들은 자본주의의 병폐에 비판을 가한다(자크 엘룰, 도르트 죌레, 바르트, 폴틸리히, 필립 워거만 등). 사회적 경제를 옹호하는 부류들도 있다(McCulloch, Fenton, Torand 등의 로마 가톨릭 사제들). 더 나아가 한국에서 발전한 민중신학, 중남미의 해방신학은 사회적 경제에 대한 다양한 스펙트럼을 보여준다. 제3의 축으로 생태주의(환경주의)에 대한 대안으로 몰트만, 이어령 교수, 에코페미니스트 등이 있다. 대부분은 자본주의에 비판보다는 이에 편승해서 돈을 벌어 교회에 헌금하는 누이좋고 매부좋은 관계를 유지해 온 것이 사실이다.

○ 양극화와 돌봄의 경제학

몇 년 전에 SBS 다큐멘터리의 최후의 제국을 보면 우리가 얼마나 자본주의 시스템에 길들여 사는지 섬뜩하게 느낄 것이다. 과연 우리가 살고 있는 이 시스템은 누가 만든 것이고 우리의 생활 스타일은 누가 만든 것일까 의문이 든다. 기술이 발달되고 물질은 풍요해졌으나 우리는 그닥 더 행복해지지 않았다. 다큐멘터리에서 작은 섬나라 사람들과 네팔의 마을 사람들을 미국과 한국의 사람들과 비교한다. 그들은 물질적으론 풍요하지 않지만 마을 공동체라는 것을 통해서 서로 도우면서 살고 있다. 어쩌면 천국의 모습도 이러해야 하지 않나. 마을에 아이가 태어나도 나의 아이가 아니라 마을의 아이로서 성장하며 어른들의 사랑과 보살핌을 받는다.

자본주의란 괴물을 우리가 시스템적으로 바꾸는 것은 쉽지도 않고 인간의 죄성 때문에 어떠한 시스템을 만들던 부패하게 되어있다. 단지 우리 기독교인들이 먼저 모범을 보이면서 부의 재분배를 할 수 있는 돌봄의 경제학을 이루어 가야 한다.

○ 자본주의와 영성

우리는 우리가 살고 있는 경제 시스템이 맘모니즘을 경계해야 한다. 단순히 돈의 문제가 아니라 이를 돌아가게 하는 거대한 시스템을 보고 거기에 휩쓸려 살지 않도록 분별하는 영성이 필요하다. 한국에서는 자본주의에 비판을 하면 빨갱이라는 낙인 때문에 매우 조심스럽다. 그렇다고 공산주의·사회주의를 추구하지 않고 대안적 공유경제나 사회적 경제를 얘기해도 종북빨갱이 취급을 하는 한국의 현실이 안타깝다.

우리는 우리의 부가 이루어지는 과정에서 누군가의 희생을 착취한 것이 아닌가 살펴보아야 한다. 돈을 버는 과정이 결과보다 중요하다. 이사야 1:13에서 '헛된 제물을 다시 가져오지 말라 분향은 나의 가증히 여기는 바요 월삭과 안식일과 대회로 모이는 것도 그러하니 성회와 아울러 악을 행하는 것을 내가 건디지 못하겠노라'라고 했다. 하나님의 나라와 의는 과정에서 일어나며 악을 저지른 결과의 헌금은 기뻐하시지 않으신다.

○ 복에 대한 오해

경제 성장과 함께 번영 신학이 한때는 유행했다. 그러나 이제는 열심히 일해도 보상이 따르지 않는 세대이다. 기독교에서의 복에 대한 잘못된 오해도 팽배했다. 예수 믿고 부자된다는 공식이 팽배했다. 그러나 예수님의 팔목과 성경 곳곳에 나타난 복의 의미를 전혀 다르다. 복은 물질이 아니라 하나님의 관계에서 오는 평안이다. 그 평안을 세상에 전하는 통로가 되어야 한다. 한때는 한국에서 야베스의 기도가 유행해서 자기의 사업체 확장과 자식 잘되는 주술처럼 사용되었다. 그러나 그것을 하나님 나라의 관점에서 하나님의 통치가 이루어지기를 비는 의도는 읽지 못하는 게 아쉽다. 우리는 복을 혼자 차지하고 깔아 뭉개는 것이 아니라 '복의 통로'가 되어야 한다.

○ 부와 가난, 누구의 책임인가

부자들은 보통 가난한 사람들은 게을러서 그렇다라고 하지만 그럴수도 있고 아닌 경우도 있다. 노력을 해도 요즘은 먹고살기 힘들다. 하나님은 원래 이 땅을 창조하실때 모든 인류가 넉넉히 쓸 자원을 지구에 주셨다. 하지만 인간의 욕심으로 인해 일부가 독점하게 되면서 한쪽에서는 음식이 남아버리고 한쪽에서는 굶주려 죽는다.

성경에는 돌봄의 경제, 즉 희년제도가 존재하여 7년에 한 번씩 빚을 탕감해 준다. 모든 재물과 땅이 나의 소유가 아니라 하나님이 맡겨주신 자원이기 때문이다.

○ 투자냐, 투기냐

크리스천들도 투자를 한다. 그러나 투기와의 경계선은 모호하다. 한때 4차 산업 얘기할 때 비트코인이 등장하는데 거기에 투자하라는 강의도 보았다. 부동산 투자냐 투기냐, 주식 투자냐 투기냐. 이는 쉽지 않은 판단이다. 그러나 중요한 경제적 활동을 위한 판단의 근거는

마음의 동기이다. 돈이 주는 안정감 때문에 하나님 대신 돈을 주신 삼은 마음에 동기를 살펴보아야 한다. 그리고 돈의 목적이 이돈이 개인의 부를 위해서만 쓰이는가 아니면 그 돈이 하나님 나라의 의를 위한 목적이 있는가이다. 보통의

경우에 경제틀 안에서 제로섬 게임이 될 수 있어서 나의 투기로 누군가 손해보고 아파한다면 다시 생각해야 한다. '네가 쌓아둔 빵은 굶주린 사람들의 것이며, 네 옷장에 보관해 둔 옷가지들은 헐벗은 자들의 것이며, 네가 땅속에 감춰 든 금은 가난한 자들의 것이다'(대 바실, BAsil the Great)[3]

우리는 땅을 사고 팔지만 이 또한 하나님의 자원이다. 예수원 공동체를 설립한 대천덕 신부는 한 인터뷰에서 헨리조지(토지가치세)를 얘기하면서 이렇게 얘기하고 있다.

"성경의 토지 기본법 요지는 레위기 25장 23-24절이지. '토지를 영영히 팔지 말 것은 토지는 다 내 것임이라. 너희는 나그네요 우거하는 자로서 나와 함께 있느니라. 너의 기업의 온 땅에서 그 토지 무르기를 허락할지니'. 이는 토지에 대한 하나님의 기본전제라네. 성경 어느 곳에도 이 원리가 폐지된 적이 없어. 토지 소유자가 원한다고 해도 토지를 팔 수 없고 기껏해야 토지를 희년(안식년 7년이 일곱 번 지난 50년마다 돌아오는 해. 유대인들은 이 해가 되면 하나님이 가나안 땅에서 나누어 준 자기 가족의 땅으로 돌아가고 땅은 쉬게 한다) 전까지 임대해 줄 수 있을 뿐이지."

---

3   바늘 귀를 통과한 부자

○ 청지기 정신

부에 대한 가장 핵심적인 마인드는 청지기 정신이다. 우리의 재물과 시간, 달란트는 하나님이 나에게 맡겨주신 것이다. 이것들을 주인이 원하는 대로 쓰지 않으면 '게으른 종'이라고 질타를 받을 것이다. 경제라는 희랍어 'Oikonomos'의 의미에는 가장 또는 청지기라는 관리한다는 의미가 있다. 하나님이 주신 재물을 어떻게 하나님 나라를 위해 관리할 것인지 고민해야 한다. 우리는 우리의 노력으로 일궈낸 돈을 자기의 것이라고 생각하지만 돈을 벌기 위해 필요했던 달란트, 환경, 시간등은 하나님이 주신 것임을 생각하지 못한다. 에덴동산에서 아담에게 주어진 사명인 이 땅을 하나님의 원하시는 뜻대로 관리해야 할 청지기임을 명심해야 한다.

토론 질문

- 비트코인 투자해도 돼요? 요즘 한국 젊은이의 꿈인 돈 벌어 건물주가 되서 빨리 은퇴하는 게 좋지 않나요?
- 주식 투자해도 돼요?
- 기독교의 축복이 '부자되는 물질의 복'인가요?
- 자본주의가 기독교적이지 않나요?
- 왜 경제는 항상 성장해야 되죠? 유지하면 안되나요?

11.
기업의 사회적·환경적 책임

"천국은 마치 품꾼을 얻어 포도원에 들여보내려고 이른 아침에 나간 집 주인과 같으니" (마태복음 20:1)

○ 기업의 존재 이유는 오직 이윤추구?

비즈니스의 목적을 물으면 당연히 이윤추구가 목적이라고 한다. 당연히 사업체를 통해서 우리는 생계를 유지한다. 크리스천 BAM도 이윤추구가 기본이다. 지속 가능해야 선한 영향력을 미칠 수 있다. 그러나 기업들은 사회 속에, 지구라는 환경에 속해 있으므로 그에 대한 책임도 있다. 이미 기업의 사회적 책임(Corporate Social Responsibility·CSR)은 학계와 업계에서 도입되어 실행하고 있는 분야이다. BAM 기업 또한 사회적·환경적 책임을 소홀히 해서는 안 된다. BAM 기업이라고 하면 사회적·환경적 부정적 영향을 미치면서 하나님의 선한 영향력을 미친다는 것이 어불성설이다.

○ **지속 가능성(Sustainability)과 발전의 3대 요소(Triple Bottom Line)**

1987년에 UN에서 발표된 '지속 가능성(Sustainability)'이라는 개념은 환경적 우려를 걱정해서 우리가 다음세대에도 지속 가능한 지구를 물려주기 위해 노력해야 한다는 선언이다. 우리는 지금 다음 세대가 쓸 자원과 환경을 고갈하고 있는 것이다. 주로 이제는 지속 가능성(Sustainability)라고 하면 주로 '환경적'인 측면만 강조하고 있다.

하지만 기업의 사회적·환경적 책임은 3가지의 축(Triple Bottom Line)으로 구성되어 있고, 경제(Economy), 사회(Social), 환경(Environment)의 3가지 요소로 이루어진다. 때로는 3P라고 하여, Profit(이익), People(사람), Planet(지구)라는 용어로도 쓰인다. 개인의 사회와 환경과의 관계속에서 우리이 신앙 실천되듯이 기업도 똑같이 사회와 환경과의 관계 속에 있는 존재이다.

나와 비즈니스는 관계적이다.

○ 기업의 사회적 책임 도표화

기업의 사회적 책임의 분야에도 여러 형태의 시도들이 있다. 보통은 기업의 사회적 책임(Corporate Social Responsibility ·Sustainability)이 회사의 주요 비즈니스 영역이 아니지만 부수적인 기업활동으로 홍보용으로 주로 하는 경우가 많다. 또 하나는 아예 사회적, 환경적 이슈의 문제를 해결하기 위한 core business 모델로 하는 경우가 있다. 탐스슈즈는 가난한 나라의 아이들에게 신발을 기부하는 형식으로, 파타고니아는 환경적인 소재와 재활용 비즈니스 모델로 성공한 사례이다.

그리고 조합 형태의 기업들도 있다. 주로 조합원들의 이익을 위하고 사회적 가치를 추구하는 경우도 있다. 스페인의 몬드라곤 협동조합은 1956년에 빈곤퇴치를 위해 호세 마리아 신부가 사회적 사업으로 출발해서 지금은 약 8만 명의 직원을 거느린 매출 12조의 거대 기업이 되었다. 한국에서도 협동조합이 많이 생겨서 조합원들의 이익을 도모하고 사회적 가치를 추구하는 사례들이 많다.

그리고 사회적 기업(Social Enterprise) 형태로도 진행된다. 사회적 취약계층을 돕고 그들의 재활을 도우면서 이익을 창출하는 사업들이다. 특히 BAM기업들이 선교지에서 하는 활동이 이러한 형태를 띄는 경우가 많다. NGO나 Non-profit의 경우에도 사회적 문제해결이 주요 목적이지만 부수적으로 이익창출 사업을 하기도 한다.

○ 기업의 사회적 책임에 대한 인증

최근에는 CSR 분야에 공신력을 확보하기 위해서 인증제도들이 생겼다. 미국에서 시작된 B Corporation 인증은 전세계로 확장 중이며, B Corporation 마크가 있는 회사들은 사회적, 환경적 책임을 한다는 얘기다. 그리고 최근에는 월마트, 코스코에서도 Social Audit을 수행하여 기업의 사회적 책임과 환경적 책임을 평가한 뒤에 납품을 받는 경우가 있다. 그리고 유럽에서 생긴 SMETA라는 인증들도 생겨서 이러한 인증이 코스코나 월마트의 경우에 Social Audit을 대체하는 경우도 있다. 그 외에 ISO26000이나 SA8000의 경우에도 비슷한 인증이며 앞으로도 이러한 인증들이 더욱 생길 것이다.

○ 이해관계자(Shareholders) 이해하기

마이클 포터 교수의 공유가치(Shared Value) 이론은 이미 오래 전에 기업의 사회적 책임 이론의 중심개념이기도 하다. 비즈니스를 하면 우리는 여러 이해관계자들을 만난다. 고객, 직원, 주주, 협력업체, 정부기관, 그리고 환경까지도 연결이 된다. 고객은 왕이지만 그 외의 이해관계자들 역시 중요하다. 우리에게 이해관계자들은 섬겨야 할 대상이다. 누구 하나 소홀히 하면 안 된다.

○ 크리스천 BAM의 사회적·환경적 책임과 왕국의 영향력 (Kingdom Impact)

BAM 기업 또한 사회적·환경적 책임을 다해야 한다. Kingdom Impact는 그 위에 오는 결과이다. BAM을 한다고 하여 선교지에서 불법을 행하고 비윤리적인 경영을 하면서 하나님의 선한 영향력을 미칠 수 없다. BAM을 한다 하면 그래서 더 어려운 것이 지속 가능하기 위한 이익이 나야 하고 사회적·환경적 책임도 다해야 하는 것이다. 그래서 더욱 창의적으로 고민해야 한다. BAM이 소리는 요란하지만 많은 사례들이 나오기 힘든 이유이기도 하다.

생존이 먼저냐 사회적 책임이 먼저냐라고 묻는다면 둘다이다. 당연히 생존도 걱정해야 하지만 과정도 선해야 한다. 적극적인 의미의 사회적 책임은 못하더라도 사회에 민폐를 끼치지 않는 회사가 먼저 되어야 한다.

○ 윤리경영

영화 '엔론-세상에서 제일 잘난 놈들'(2005)에선 미국 7대 기업 중에 하나이던 엔론이 최대의 부정 스캔들을 묘사하고 있다. 수익이 나지 않은 회사를 수익이 나는 것처럼 장부를 속이고 많은 경영진들이 수많은 보너스를 챙겼다. 크리스천 기업들도 매일 윤리적 문제와 씨름 할 것이다. 얼마나 정직하게 세금 보고를 해야 하는지, 법을 잘 지키고 투명하게 경영을 하는지가 중요하다. 그러나 항상 이분법적으로 답이 맞다, 그르다의 판단은 현실에선 쉽게 나오지 않는다. 사안에 대해서 기도하고 우리의 선한 의도성(Intention)이 있는지 점검해야 한다.

○ CSR과 브랜드 가치

CSR 활동은 기업의 이미지를 개선해서 브랜드 가치를 높이고 매출을 향상 시키는 부수적인 요인이 될 수 있다. 가끔 어떤 회사들은 그냥 홍보용으로만 CSR을 하는 경우가 있는데 CSR을 하면서 직원에 갑질하는 기사가 나오면 되려 언행이 일치하지 않는 모습을 보고 CSR의 진정성에 의문을 가지므로 조심해야 한다.

○ 대안적 투자

요즘은 착한 투자, 소셜 투자를 하는 펀드들이 많이 생겼다. 한예로 소셜투자를 한국에 들여와서 가장 활동적으로 활동하는 MYSC의 경우에는 많은 기업들과 NGO, 정부와의 협업을 통해서 좋은 투자들을 이끌고 있다. 돈 버는 목적만의 투자가 아니라 사회적 이슈와 환경적 이슈를 해결 회사나 프로젝트에 돈을 투자하여 돈도 벌고 사회적 가치도 추구하는 두 마리 토끼를 잡는 일이다.

또한 선교지에서는 마이크로 파이낸싱을 통해서 일자리 창출과 영적 멘토링 등의 프로젝트들이 시행되는 사례가 있다. 크리스천들도 대안투자펀드들을 만들어 활동 중이다. 앞으로 우리가 주식 투자하듯이 이런 투자 형태의 선한 투자가 많이 나오길 바란다.

○ 교회의 사회적 책임-사회적 구원, 생태적 구원

로잔언약에선 교회의 사회적 책임을 명시하고 있다. 교회는 사회의 일부이며 세상 속에 성도들을 선교사로 파송하는 것이다. 우리 개인의 신앙도 구원을 받지만 우리는 공동체적으로도 구원을 하시는 하나님의 도구로 쓰이면서 사회적 약자와 소외된 자를 보호해야 한다. 그리고 지구 환경과 동물들도 크게 보면 하나님의 나라가 통치되어야 하는 영역이다. 특히 한국 교회가 혼자 구원받아 천당에 가는 편협된 사고에 머무르니 세상의 빛과 소금이 될리 만무하다. 이제는 시야를 넓혀야 한다.

○ 정치 얘기는 금물?

특히 한국에서는 정치 얘기를 꺼내는 것이 금물이다. 잘못 말하면 빨갱이가 되고 최대한 보수우익화가 되어야 예수 믿는 크리스천처럼 되는 것도 조심해야 한다. 한 정당 자체의 정책들이 완벽하게 우리 크리스천의 가치와 부합될 수 없다. 사안별로 따져야 한다. 때론 보수에서도, 때론 진보에서도 예수님의 가치를 발견하기 때문이다. 장로라고 대통령으로 뽑고 하는 것은 유치한 일이다. 그 사람의 됨됨이와 국정능력 등 종합적으로 평가해야 한다. 존 스토트 목사는 "의롭다 함을 받는 것(칭의, Justification)만 아니라 정의(Justice)도 원하신다."라고 했다.

○ 이기적 이타주의

얼마 전 아담 그랜트 교수의 『기브앤테이크』에서는 스마트한 기버가 되라고 한다. 결국 이타주의적으로 행동하는 것이 남는 것이고 성공하는 것이라는 주장이다. 그렇다고 무조건 퍼주는 호구는 되지 말라고 충고한다. 우리도 사회적 책임도 다해야 하지만 현명하고 퍼줘야 한다. 특히 선교지에가면 막 퍼주는 식의 선교는 그들의 자립력을 떨어뜨린다. 그러려면 그들이 물고기를 잡을 방법을 알려줘야 한다.

결국 우리는 그의 나라와 의가 사회적, 환경적 책임의 형태로도 나옴을 인식해야 한다. 라인홀드 니버는 우리 개인의 의식의도 변화가 필요하지만 사회시스템의 변혁도 필요하다고 주장한다. 크리스천은 개인의식 변화만 필요하다는 이분법적 사고 극복해야 할 것이다.

- 내가 비즈니스를 한다면 사회적·환경적 책임을 소재로 비즈니스 모델을 만들 수 있나?
- 비즈니스의 생존이 먼저인가? 윤리가 먼저인가?
- 나의 비즈니스 이해관계자(Stakeholders)에게 어떻게 상생 (shared value)를 가질 수 있나?

12.
소비와 문화

"··· 이전 알지 못할 때에 좇던 너희 사욕을 본 삼지 말고, 오직 너희를 부르신 거룩한 자처럼 너희도 모든 행실에 거룩한 자가 되라" (베드로전서 1장 14-15절)

○ 소비한다 고로 나는 존재한다

우리는 소비하는 존재이다. 하루에 돈 내고 사지 않고 지날 수 있는 날이 었다. 자본주의는 계속을 물건을 찍어내야 하고 물건들을 사줘야 돈이 돌아간다. 많은 사회학자들 심리학자들은 소비하는 자본주의에 대해서 비판적인 날을 세운다. 자크라깡은 나의 욕망은 나의 것인가라는 물음을 하면서 실제로는 나의 욕망이라고 생각되지만 대부분의 경우는 타자의 욕망을 나의 욕망이라고 생각하는 경우가 많이 있다. 좀 바르트는 자본주의의 발달의 비밀은 생산이 아니라 사치에 있다고 했다. 누군가는 계속 소비를 해주어야 생산을 할 수 있고 생산을 해야 소비를 하는 무한 생산·소비의 고리 속에 우리는 다람쥐처럼 사는 것이다.

4차 산업시대의 크리스천 일터와 Business As Mission

○ 빼앗긴 상품화된 여가와 놀이

언젠가부터 우리는 여가와 놀이도 수동적으로 소비를 해야 하는 시대이다. 스포츠나 여행, 유흥 등 다 소비로 이어진다. 기 드보르는 우리가 여가를 빼앗긴 불행한 삶을 살고 있다고 했다. 대중매체의 자극성, 선정성을 소비하고 현실적인 여가의 창조자로서 역할이 없어졌다고 했다. 우리는 놀이하고 남은 시간을 쓰는 법을 잊어버렸다(참고로 유튜브에 '호모 콘슈머릭스'라는 다큐멘터리를 참조하기 바란다[4]).

리차드 니버의 '그리스도와 문화'란 책에서 세상의 문화와 그리스도인의 태도에 대한 유형을 밝힌다.

- 배타주의자에게서 나타나는 세상과 영적 문화와의 철저한 분리를 나타내는 문화에 대비되는 그리스도(Christ against Culture) 문화 (대립론자)

- 영지주의자 리츨과 같은 신학자가 말하는 역사는 자연 세계와의 영적인 만남을 통해 이루어진다는 문화의 그리스도(Christ of Culture) (자유주의자)

- 토마스 아퀴나스처럼 문화와 그리스도는 밀접한 관계가 있지만 그리스도가 문화를 지배한다는 문화 위의 그리스도(Christ above Culture) (종합론자)

---

4   https://www.youtube.com·watch?v=f3JIY19GILU

- 바울과 루터와 키에르케고르가 말하는문화와 그리스도는 역사 속에서 항상 평행선을 이루며 갈등 구조에 위치한다는 이원론적 주장의 문화 (이원론자)

- 그리스도(Christ and Culture), 어거스틴과 칼빈 등에게서 나타나는 문화를 변화시키는 그리스도(Christ the transformer of Culture) (변혁론자)

우리는 세상의 문화와 살면서 분별력을 가지고 있어야 한다. 적대적으로 대립하여 고립되어 살 수도 없고 자유분방하게 그래도 흡수하면서 살수도 없는 노릇이다. 그렇다고 그리스도 문화를 만들어내는 기독교 국가(Christendom)을 만드는 것도 위험하다. 다만 소비 측면에서의 문화를 분별력 있게 흡수하여 세상의 가치를 걸러내야 하며, 문화를 만들어 내는 우리만의 가치를 고민하고 실천하는 지혜가 필요하다. 교회와 세상과의 소통을 위해서는 우리의 언어가 아닌 그들의 언어로 소통해야 하고 더욱 더 포괄할 수 있는 문화창조자가 되어야 한다.

○ 소비사회를 사는 그리스도인

존 캐버넌의 '소비사회를 사는 그리스도인'에선 자본주의에 소비주의를 극복하기 위해 '거룩한 혁명'을 해야 한다고 주장한다. "정의로부터 분리되어 무기력해진 신앙에 대한 해결책이 내면적 영성을 강화하거나 행동주의를 확대하는 것이 아니라, 두가지 즉 혁명적인 행동주의와 거룩한 신앙를 통합하는 것"이 거룩한 혁명이다. 우리는 실존에 대한 두려움을 덮어쓰기 위한 소비를 하는 경향이 있다. 존재의 허무함을 잊기위해 소비함으로서 위안을 삼는다. 인간이 상품화되고, 경제에서는 산업수단이나 인건비로 계량화며, 인격적 만남은 최소화하려는게 소비자본주의의 특서이다. 특히, 분주함을 만들어 내어서 자기 존재의 실존을 대면 하기 싫어하는 개인들에 소비는 우상이 된다. 우리는 창세시에 문화 명령(창세기 1:28)에서처럼 이 땅의 하나님 나라의 가치관 회복을 위해 소명을 받았다.

○ 소비와 환경, 지속 가능성

우리의 소비는 지구의 환경을 파괴하는 부작용을 낫는다. 바다에 플라스틱 쓰레기는 큰 재앙이 되어서 우리가 먹는 수산물에 미세 플라스틱으로 돌아온다. 지구온난화로 인한 빙하가 녹고, 기후 이상이 생기며, 미세먼지로 인해 한국은 큰 피해를 보고 있다.

우리의 소비는 이런식으로 계속하면 지구가 감당할 수 있을까? 만약이 중국이 미국처럼 소비한다면 지국 7개가 필요하다는 얘기가 있다. 우리의 경제 성장률, 특히 전세계가 계속 경제가 성장한다면 언젠가는 지구의 자원이나 지구가 감당할 환경재앙은 포화가 된다. 이미 포화가 되었을 수도 있다. 크리스천들도 환경에 인식하고, 가정에서, 교회에서, 비즈니스에서도 환경적 책임을 다하는 노력을 해야 한다.

○ 소유의 종말

미래학자인 제레미 래프킨은 벌써 2000년도에 '소유의 종말'이라는 책에서 소유이 시대가 끝나고 접속하는 시대가 올 것이라고 예측했다. 그의 예측은 정확했다. 최근에 공유경제니 하여 우버나 에어비앤드 등의 비즈니스가 생겨났다. 긱(Gig) 경제라고 하여 필요할 때만 쓰는 서비스를 제공하는 비즈니스가 유행이다. 심지어 명품도 빌려준다. 굳이 몇 번 쓰지 않는 것을 많은 돈을 주고 소유할 필요가 없는 것이다. 요즘은 한국에서 차가 잘 팔리지 않는다고 하는데 굳이 소유하지 않아도 자동차 공유 앱들이나 자동자 쉐어링 서비스가 확대되기 때문이다. 이제는 소유를 많이 하기 위해서 우리가 일을 하는 패러다임이 바뀌고 있는 것이다.

○ 윤리적 소비, 착한 소비, 대안 소비

과소비, 사치, 충동구매를 막기 위해서는 윤리적 소비, 착한 소비를 해야 한다. 우리는 Need와 Want를 분리해야 한다. 진짜 필요한 것인지, 아니면 원하는 것인지 구분해야 한다. 우리는 소비하여 브랜드를 지님으로써 존재의 가치를 인정받는 사회에 살고 있지만, 에리히 프롬이 '소유냐 존재냐'에서 주장하듯이 우리는 우리의 존재 자체를 고민하여 성장시켜야 한다. 영화 'Branded'라는 잘 안 알려진 러시아 영화를 보면 우리는 무의식 중에 브랜드에 중독되어서 산다. 어릴 때부터 봐 왔던 브랜드가 평생 따라 다닌다. 우리의 욕망이 조작된 것일 수도 있다.

이를 위해서 중고물품 교환이라든가 의식적으로 고민하고 물건 구매하기, 그리고 특히 사회적, 환경적 친화제품을 구매하는 것도 세상을 조금이나마 변혁시키는 방법이다. 최대한 로컬에서 구매하고, 선교지의 공정무역제품 구매, 생협을 구성하여 친환경적이고 건강한 유통구조에서 생산된 물건을 사는 일도 할 수 있다.

○ 예수님은 미니멀리스트

예수님은 미니멀리스트의 삶을 사셨다. 최대한 소유하지 않는 노마드의 삶을 사셨다. 모든 것이 하나님이 공급해 주심을 우리에게도 설파하시고 오늘 일용할 양식에 감사하며 그의 나라와 의를 구하는 것을 말씀하셨다. 그러나 우리는 최대한 우리 것을 모으고, 하나님 조금 띄어주고, 나머지는 우리의 욕망을 위해 쓰는 것에 대해서 당연히 생각하고 있다. 청지기 정신을 생각하며 최소한의 소비와 착한 소비와 언제든지 하나님 나라와 의를 위한 부를 쓸 수 있도록 훈련해야 한다.

○ 교회의 역할

교회에서는 경제와 문화 부분에 대한 크리스천적 의식과 실천 방안에 대해서 성도들과 고민하고 실천하는 일이 필요하다. 성도의 삶이 어떻게 구체적으로 자본주의에서 실천할지 다양한 담론들과 사례들이 나와야 한다. 균형있는 신앙관 배양을 위해서 복음적인 holistic 신앙관, 하나님의 공의의 실천, 경제 윤리의 교육, 일터 영성 등의 교육이 필요하다. 환경에 대해서도 교육하고 고민하는 공동체가 나와야 한다.

교회 소그룹들도 그냥 전통적인 자기의 삶만 나누는 공동체 외에 이런 소비문화의 대안을 찾을 소그룹 공동체들도 많이 만들어 주어야 한다. 그리고 여가소비주의를 극복하기 위해서 인문학 강좌, 영화제, 연극제 등의 다양한 문화 사역도 필요하다. 그리고 대안 교육으로 주말 농장, 체험 학습 등의 시도도 해볼 만하다. 성도들의 각자의 커리어나 달란트를 이용해서 선교지와의 결합으로 장단기 선교 및 문화사역을 결합할 수도 있다. 요즘은 교회가 카페도 하고 지역도서관의 역할도 한다. 아주 바람직한 시도들이다. 자꾸 세상과 소통할 수 있는 공간들이 많이 나와야 한다.

토론 질문

- 일주일 동안 내가 소비한 것 리뷰하고 공유하기
- 충동적 구매가 있었는지? 나는 브랜드 중독자인가?
- 소비하지 않고 여가·놀이·문화를 즐기는 방법 또는 창의적 놀이 방법은?
- 환경보호를 할 수 있는 생활 속의 실천들?
- 대안적인 소비주의와 환경 보호를 위해서 교회서 할 수 있는 일들은?

13.
리더십

○ 리더십은 훈련이 필요하다

한국에선 최근 갑질하는 회장님, 사장님들이 연일 뉴스에 나온 적이 있다. '리더십'이란 단순히 '관리자'나 '그룹을 이끄는 사람'이라는 뜻 이상의 의미를 가진다. 리더십은 다른 사람들에게 영향력을 주는 사람이다. 직급에 상관없이, 교회 직분에 상관없이 사람들에게 선한 영향력을 주는 사람을 말한다.

그러나 보통 리더가 되면 리더십 공부를 하지 않고 하다 보니 훈련이 부족해서 부하직원이나 조직의 멤버들에게 갑질하고 비전 제시도 못하며 모범이 되지 않아 공동체를 망하게 하는 경우도 있다. 리더십은 태어나는 것이 아니라 만들어지는 것이다.

최악의 리더 예

- 부하직원 공로 채어가기
- 행동과 말의 불일치
- 실력 없음
- 공감력 제로
- 정치적이고 줄타는 경우
- 부하직원 안 챙기고 자기만 살기
- 꼰대짓 하기 등

○ 예수님의 리더십의 요소들

리더십의 유형을 보면 너무나 많은 정의와 종류가 있다. '카리스마적인 리더십', '권위의 리더십', '협동의 리더십' 등 경영학적으로도 너무나 많은 연구가 진행 중이다. 성경에도 수많은 리더십의 유형이 나온다. 우리가 배워야 하는 리더십은 예수님과 같이 '섬기는(serving)' 리더십을 배워야 한다. 섬김을 받으려면 먼저 섬기라고 했듯이, 우리는 먼저 자세를 낮추고 섬겨야 한다. 예수님은 손수 제자들의 발을 씻기시고 너희도 이와 같이 하라고 하셨다.

크리스천의 리더십은 '은근히' 향기로 나와야 한다. 어떠한 조직에 들어가도 그 사람만 있으면 조직의 분위기가 살아나고 팀웍으로 업무가 효율적, 효과적으로 완성되고 하는 크리스천이 되어야 한다. 요란하게 직장에서 잘난 척하고 말로만 복음을 전한다고 하면서 실제의 삶은 그렇게 안 되는 것은 되려 하나님의 영광을 막는 길이다.

또 예수님의 리더십 중의 특징은 사람들에게 많은 자극을 주시고 동기부여를 하신다. 직장에서 부하직원에게 업무를 무작정 강요하는 것보다 동기부여와 목표를 먼저 보여주면 훨씬 업무의 질과 효과가 좋아지는 것을 볼 수 있다. 특히, 예수님은 사람들에게 질문들을 많이 함으로써 다시 한번 생각하게 하는 기회를 주신다. 우리는 항상 자극제가 되어야 한다.

또 하나의 예수님의 리더십은 큰 '비전'을 주신다는 점이다. 리더는 '비전'을 가지고 있어야 한다. 주변사람들이 못 보는 것을 보고, 더 먼 장래의 일을 계획히고 일의 진행상황을 예측해야 한다. 비전이 없는 사람은 리드하기 어렵다. 비전을 제시 못하는 리더는 추종자들이 몇 번 어쩔수 없이 따라오다가 금방 알아차린다. 여러분도 하나님이 이 땅에 오셔서 우리가 더 큰 비전으로 살아가기를 원했던 것처럼 여러분의 조직에서도 비전을 만들고 주변 사람들을 이끌 수 있어야 한다.

○ 존 맥스웰의 리더의 조건

리더십으로 유명한 존 맥스웰 목사가 얘기하는 리더의 21가지 조건은 다음과 같다. 각 요소별로 하는 나는 얼마나 자질을 갖추었나 평가해보라. 어쩌면 조직에서 교회에서 멤버들이 당신을 안 따르는 이유가 이 중에 있을 수 있다.

1. 성품 "바위처럼 되어라"
2. 카리스마 "첫인상이 결정한다"
3. 헌신 "헌신, 그것은 꿈꾸는 사람과 실천하는 사람으로 나뉜다"
4. 소통 "소통에 미숙하다면 당신은 늘 혼자일 것이다"
5. 능력 "능력을 키워라. 사람들이 몰려들 것이다"
6. 용기 "용기를 지닌 한 사람은 다수와 맞먹는다"
7. 통찰력 "풀리지 않는 미스터리를 밝힌다"
8. 집중력 "노력하면 할수록, 당신도 예리해진다"
9. 관대함 "초가 타들어간다 할 지라도 다른 것을 밝히고 있다면 결코 초를 잃는 것이 아니다"
10. 결단력 "결단력 없이는 절대 현재의 안락함을 떠날 수 없다"
11. 경청 "경청이란 귀를 이용하여 사람들의 마음과 소통하는 것이다"
12. 열정 "삶에 열정을 품고 그것을 사랑하라"
13. 긍정적인 태도 "할 수 있다고 믿으면, 할 수 있다"
14. 문제 해결 능력 "절대 문제를 문제로 만들지 말라"
15. 관계 "만일 혼자 모든 것을 다 가지려 한다면, 그들은 당신을 홀로 남겨두고 떠날 것이다"
16. 책임감 "임무를 수행하지 못한다면 팀을 이끌 수 없다"
17. 안정감 "역량만으로는 결코 불안을 해소할 수 없다"
18. 자기 단련 "가장 먼저 이끌어야 할 사람은 바로 자신이다"
19. 섬기는 마음 "앞서 나가려면, 남을 우선으로 하라"
20. 배우려는 자세 "계속 이끌고 싶다면 계속 배워야 한다"
21. 비전 "오직 볼 수 있는 것만을 잡을 수 있다"

리더십은 배우는 것이다. 리더십은 그냥 선천적으로 타고나는 것이 아니다. 이것은 많은 노력으로 다듬어져야 한다. 성경에서 수많은 리더들이 하루아침에 태어난 것이 아니다. 모세 같은 인물도 그냥 쓰시지 않았다. 지식적인 측면뿐 아니라 인격적인 부분도 고난을 통해 다듬어 주신다. 리더가 되려면 항상 하나님과의 깊은 교제가 필요하다. 다윗도 매사 하나님께 뜻을 물은 뒤에 일을 행하였다. 하나님과 깊은 교제를 통해 리더십의 지혜를 얻을 수 있다. 깊은 말씀 묵상과 기도를 통해 통찰력과 관찰력이 길러지고, 여러분의 리더십 자질도 길러진다. 리더십의 전제조건의 자신이 하는 업무에 대해 완벽히 한 뒤에 리더십이 발휘되는 것도 잊지 말아야 한다. 일도 못하는 사람이 영향력을 줄수 없음은 당연한 일이다. 예수님의 섬기는 리더십을 배워야 한다. 비전을 제시하고 사람들에게 동기부여와 자극제가 되어야 한다. 그리고 요란하게 떠드는 전도보다는 몸으로 향기내는 크리스천이 되어야 한다.

토론 질문

- 여러분이 알고 있던 리더십의 개념은 무엇이었습니까?
- 리더십의 요건이 무엇이라고 생각하십니까?
- 당신은 일터에서 사람들에게 얼마나 영향력이 있습니까?
- 당신은 비전 제시와 동기부여의 능력이 있습니까?
- 당신이 상사에게 미칠 수 있는 영향력은 어떤 것입니까?

14.
설득의 기술

○ 설득도 기술이 필요하다

한국 사람들은 대화의 기술이 부족한 경우가 많다. 대화하
다가 싸움이 되기도 하고 언쟁을 높이면서 욕하고 치고박고
하는 것은 국회에서도 일어나는 일이다. 미국 사람들의 경우
에는 웃으면서 진지한 얘기들을 토론하는 것을 보면 존경스
럽다. 대화하고 설득하려면 공부하고 훈련해야 한다. 우리가
일터에서 일하든, 전도를 하던, 영업을 하든 대화와 설득의
기술을 몸으로 익혀야 한다.

○ 설득하려면 대화의 기술도 필요하다

크리스천이 리더로서 주변 사람들에게 영향력을 미치려면
사람의 마음을 움직여야 한다. 올바른 설득력과 대화법을 안
다면 더욱 더 효과적으로 영향력을 미칠 수가 있다. 대화의
기본은 경청이다. 베테랑 영업맨은 말을 많이 하지 않는다.
많이 들어주었는데 판매가 된다. 심리상담이나 정신과 치료
도 의사가 말하는 것보다 환자가 말하고 의사가 공감하며 경

청해 줄 때 치료가 일어난다. '내 사랑하는 형제들아 너희가 알거니와 사람마다 듣기는 속히 하고 말하기는 더디하며 성내기도 더디하라'(약 1:19). 설득도 결국은 경청하고 공감하는 훈련이다. 일을 하다 보면 고객들이나 직원들과 서로 대화하고 설득해야 될 때가 많다. 예수님의 사역들도 사람들을 설득시키는 과정이었다. 여러 가지 비유를 들며 설교도 했고, 때론 그들의 아픔을 들어주고 경청하고 공감하셨다.

그리고, 상대방의 입장과 관점으로 얘기를 해야 한다. 예수님은 많은 비유로서 말씀을 가르치셨는데, 상대방이 친밀한 환경과 용어로 비유를 드셨다. 상사에게 보고하는 것이면 상사의 입장에서 관찰해 보고, 부하직원에게 일을 시키면 부하직원의 관점에서 바라보아야 한다.

ㅇ 대화할 때 미리 생각하고 말하기

얘기하기 전에 충분히 고민하고 자신이 할 말의 키 포인트를 미리 생각해야 한다. 두서없이 주절주절 말 하면 다음부터는 당신의 말을 경청하지 않는다. 포인트가 없다고 판단하기 때문이다. 얘기하기 전에 신중히 고민하여, 자신이 하는 얘기의 결과도 생각해 보아야 한다. 무심코 던진 말이 동료들에게 상처가 될 수 있고, 자신이 포인트 없는 말을 하는 사람으로 인식되기 쉽기 때문이다.

얘기가 논리가 없으면 사람들을 설득시키기 어렵다. 기승

전결이 뚜렷해야 하고, 그러려면 얘기의 핵심이나 결론을 미리 서두에 얘기하는 것도 좋다. 자기가 얘기하면서 두서없이 얘기하면서 삼천포로 빠지는 경우가 많은데 남의 시간을 소중히 생각해야 한다.

○ 설득의 방법[5]

보통 설득의 방법에는 여러 가지가 있다.

가장 기본적인 첫 번째 원칙은 상대방의 내면 욕구를 알아야 한다. 겉으로 보여지는 것을 필요라고 한다면 상대방의 내면에 있는 욕구가 호기심이다. 예수님은 청중들의 호기심를 아셨다. 물론, 하나님은 생명의 말씀을 주시기를 원했지만, 그보다 그들의 호기심를 충족시켰다. 먹이시고, 치유하시고, 베푸셨다. 업무적으로 상대방 내면의 호기심를 알아야 정확한 설득을 할 수 있다. 겉으로 요구하는 이면의 것을 고민해야 한다. 상사가 원하는 업무의 내면, 동료가 나에게 원하는 내면, 부하직원의 내면의 호기심을 찾으면 절반은 성공이다.

두 번째로는 공통점으로 다가가야 한다. 바울이 타국에서 효과적인 선교를 하기 위해 사울이라는 히브리 이름을 바울이라고 바꾸었고, 청중에 따라서 자신의 공통점을 청중에게 드러낸다. 로마 군인이 바울을 체포했을 때 자신이 로마 시민

---

5 마이클지가렐리,『예수님 가방 속 설득 매뉴얼』, 어부의그물, 2009.

14. 설득의 기술   135

이었음을 밝혔고(사도행전 22:25) 그리스 시민 앞에서 설교할 때는 그들의 지적인 욕구를 채워주기 위해 '…지금까지 모르고 예배해 온 그 신을 내가 알려주겠습니다.'(사도행전 17:22-23) 라고 하여 그들의 현학적인 욕구를 자극했다. 일단 공통점으로 다가가면 상대방은 방어의 벽을 허문다. 아무리 반대되는 입장의 협상을 해도 공통점으로 다가가라.

세 번째로는 증거의 힘을 제시해야 한다. 권위자나 전문가의 말을 인용할 수도 있고, 경험을 시켜줌으로써 설득할 수 있다. 예수님은 사단의 시험을 '말씀으로 물리쳤다. 우리의 말이 설득력이 없으면 그분야, 업계의 전문가나 권위자가 한 말을 인용할 수 있다. 또 남을 경험시켜 줌으로서 설득할 수 있다. 빌립이 나다니엘을 예수님께 인도하려 할 때, '와 보라'고 했다(요한복음 1:46). 자기의 말이 설득력이 없으면 경험을 시켜주는 것이 좋다. 자신의 새로운 아이디어나 기획서를 상사가 못 믿거나, 부하직원이 따라 주지 않는다면, '일단 조금만 시작해 보자'라고 한 뒤에 경험을 시키면 좋은 설득이 될 수 있다.

마지막으로 설득은 관계에 비례한다. 좋은 관계를 쌓은 사람은 상대에게 설득력이 힘이 있다. 결정적인 협상의 테이블에서도 결국 결정은 비합리적으로 관계에 따라 결정될 경우가 많다. 예수님이 하신 제자양육처럼 장기적인 관계로 신뢰를 쌓아가야 한다.

4차 산업시대의 크리스천 일터와 Business As Mission

- 당신은 직장에서 회의나 대화할 때 남의 말을 경청합니까?
- 당신은 직장에서 얼마나 상사나 동료, 부하직원을 잘 설득합니까?
- 당신은 얘기할 때 미리 생각하고 말합니까?
- 자신의 대화법의 문제점은 무었입니까?
- 어떻게 당신의 대화법과 설득법을 향상시키겠습니까?

15.
직장 내 인간관계 갈등 해결

"모든 사람으로 더불어 화평함과 거룩함을 좇으라 이것이 없이는 아무도 주를 보지 못하리라" (히브리서 12:14)

○ 직장 내 갈등은 인간관계의 갈등

많은 사람들의 직장 내 스트레스 중에 가장 큰 것이 인간관계에서 생기는 갈등 때문이다. 일 자체가 힘든 것보다 사람으로부터 오는 스트레스가 가장 크다. 직장 내에 인간관계 갈등의 종류는 상사와의 갈등, 동료와의 갈등, 부하직원과의 갈등이 있다. 그 외 고객과의 관계, 주주와의 관계, 협력사와의 관계도 있지만 여기선 직장 내부적인 인간관계만 살펴본다.

○ 상사와의 갈등

첫 번째로 상사와의 갈등이 있는 경우에는 많은 경우, 자신의 업무를 인정받지 못하거나, 커뮤니케이션의 문제로 인한 경우이거나, 업무진행 방식의 의견차이로 인한 경우, 그냥 나를 이유없이 괴롭힌다는 이유 등이 있다. 자신의 업무를 인정받지 못하는 경우에는 나의 업무스타일과 방향이 상사의 업무방향과 업무스타일, 회사의 목표 등과 같은 체크해야한다. 본인이 아무리 생각해도 이해가 안되면 상사로부터 피드백을 받는 방법도 좋다. 상사가 원하는 바를 정확히 파악하고 일을 하는 것이 중요하다. 일을 통해 인정받아야 상사와의 갈등을 해소할 수 있다.

상사와의 의견 차이가 있을때는 최대한 상사의 의견을 존중하되, 자신의 의견이 반영되도록 고차원적인 설득을 해야한다. 다니엘을 예를 들면 왕의 진미를 안 먹는다고 했지만, 무작정 일방적으로 간수장에게 말한 것이 아니라, 경험적으로 며칠 자신이 시도해보고 결정해 달라고 했다. 설득시키는 방법과 대화화는 방법은 여러 가지이다.

○ 동료와의 갈등

두 번째로 동료와의 갈등이 있는 경우이다. 의견이 충돌되거나 또는 감정적으로 상처를 받았거나 준 경우 등이 있다. 직장 내에서 업무에 대한 의견이 다른 경우가 있는 것은 당연한 일이다. 그것을 대화로서 잘 풀어야 하는데, 전달 과정에서 감정으로 번지는 경우가 많다. 일은 일이고 사람은 사람이다. 평소에 관계의 계좌에 신용을 많이 쌓아야 한다. 관계는 하루아침에 쌓이는 것이 아니다. 먼저 내가 굳은 일을 맡아서 하고, 동료가 어려움에 처하면 먼저 손을 내밀라. 그것들이 계좌에 많이 쌓이면 그것이 여러분의 동료와의 갈등을 예방하는 길이다.

○ 부하직원과의 갈등

마지막으로 부하직원과의 갈등이 있는 경우이다. 많은 경우는 아니지만, 부하직원이 업무에 태만하거나 팀웍에 저해가 되거나 되는 경우 등이 있다. 부하직원은 당신이 잘 리드해야 하는 대상이므로 항상 업무적으로 동기부여를 하고 잘못을 계속적으로 하였을 때는 징계도 마다하지 않아야 한다. 먼저, 부하직원에게 자신이 업무적으로 완벽한 상사가 되어야 하고, 윤리적으로 흠이 없어야 한다.

○ 우리는 화평자이다

예수님은 우리가 모든 사람과 화평할 때 하나님을 볼 수 있다고 했다. 우리는 피스메이커가 되어야 한다. 어떤 사람이 조직에 들어가면 분쟁이 생기고 팀웍이 엉망인 사람이 있는가 하면 어떤 사람이 조직에 들어오면 팀웍이 두터워지고 일이 잘 되는 사람이 있다. 우리는 조직에 피스메이커가 되고, 조직을 활성화하는 촉매제가 되어야 한다.

○ 하나님의 뜻과 우리의 인격 수양

사람과의 갈등이 있을 때 그 안에서 하나님의 메시지를 깨닫는 것도 중요하다. 이 과정에서 하나님이 나에게 원하시는 것을 기도로 물어봐야 한다. 관계의 갈등에서 내게 주시는 말씀이 무엇인지 들어야 한다. 나를 연단하시기를 원하실 수도 있다. 예수님이 원수를 사랑하라고 했지만 제일 어려운 일 중 하나이다. 그러나 우리가 하나님이 우리에게 하셨듯 인내심을 가지고, 그 사람의 영혼을 사랑해야 한다. 원수의 마음을 움직여 원수가 나를 사랑할 수 있도록 하는 능력이 최고의 고수가 하는 것이다. 우리의 성화의 과정은 사람들과의 관계 속에서 성장하는 경우가 많다.

조직 내에서 인간 갈등이 있는 것은 당연한 일이다. 이를 통해 자신을 돌아보고 자신의 부족한 부분을 채워야 한다. 우리는 조직에서 꼭 필요한 피스메이커와 조직의 분위기를 살리는 촉매제가 되어야 한다.

토론 질문

- 당신은 직장 내의 스트레스 중에 사람과의 갈등으로 인한 스트레스 비중이 얼마나 됩니까?
- 당신은 직장의 인간 관계에서 누구와 갈등이 있습니까?
- 그 갈등을 풀기 위해 어떤 노력을 했습니까?
- 당신은 얼마나 상대방의 입장에서 생각해 보십니까?
- 원수를 사랑할 만큼의 인내와 마음을 움직일 수 있는 전략을 가지고 있습니까?

16.
직장 내 스트레스 관리

"아무것도 염려하지 말고 오직 모든 일에 기도와 간구로, 너희 구할 것을 감사함으로 하나님께 아뢰라. 그리하면 모든 지각에 뛰어난 하나님의 평강이 그리스도 예수 안에서 너희 마음과 생각을 지키시리라" (빌립보서 4:6-7)

○ 일터에서의 스트레스의 종류

스트레스는 누구나 겪는다. 그러나 얼마나 현명하게 이를 다스리냐가 관건이다. 특히, 우리의 삶의 대부분을 차지하는 일터에서 스트레스를 받는다면 삶의 전체가 그로 인해 영향을 받고, 삶 자체가 스트레스에 지배 받아서 행복한 삶을 누릴 수가 없다. 직장에서 천국과 같이 생활하고 즐거워해야 하는데, 이 곳이 지옥이라면 삶이 지옥인 것이다. 직장인들의 스트레스를 유형별로 보면, 인간관계에서 오는 갈등이 가장 크고, 그 다음이 업무 과중으로 인한 스트레스, 그 외 보상 부적절등의 불만족, 고용불안 등이 있다.

○ 인간관계 갈등

가장 큰 스트레스 중의 하나인 인간관계의 갈등은 참 다루기 어려운 부분이다. 삶이 대부분을 같이 보내기 때문에 어쩌면 여러분의 가족보다도 더 많은 시간을 보내게 된다. 자신의 연약한 모습도 보이고, 남의 단점도 보이고, 부부만큼이나 서로의 장단점을 볼 수 있는 관계이다. 하나님은 사람을 통해 우리의 인격을 연단하신다. 다윗이 사울에게 쫓기는 과정에도 그의 인격이 다듬어졌고, 하나님과의 깊은 교제가 이루어 졌다. 상대가 바뀌기 바라기보다 내가 그 사람을 바라보는 시각을 바꾸는 것이 빠르다. 조직은 가정과 달리 업무로 인해 돌아가므로, 그 사람의 단점을 부각해서 그 인격을 바꾸는 곳이 아니다. 그 사람의 장점을 부가하여 팀과 회사에 이바지할 수 있도록 격려하는 것이 우리의 임무다. 이유 없이 나를 미워해도 내가 먼저 사과하고 품어야 한다. 나를 미워하는 사람의 마음까지 움직여 나를 좋아하게 만드는 것이 고차원의 방법인 것이다.

○ 업무과다로 인한 번아웃

현대의 회사들은 고효율화를 추구하기 때문에 더 적은 인원으로 더 많은 일을 시킨다. 우리는 업무로 인해 삶의 발란스가 깨지면 안 된다. 업무의 시간이 길어지면 길어질수록 효율은 오르지 않는다. 똑같이 백 그루의 나무를 베더라도 중간에 쉬면서 날을 가는 사람이 안 쉬고 계속 나무를 베는 사람보다 먼저 일을 끝낼 수 있다. 하나님은 천치만물을 창조하시고 마지막은 쉬셨다. 자신의 업무에서 떠나서 관조적으로 바라보는 것이 중요하다.

자기가 일을 다 떠맡고 자기 없으면 회사가 안 돌아가는 것처럼 착각하면 안 된다. 업무를 부하직원들에게 위임하고 자신을 더욱 발전적인 일을 할 수 있어야 한다. 어차피 제한된 시간에 해야 하는 업무라면 일의 우선순위와 경중에 맞추어 급한 것 먼저 끝내고 못한 것은 내일 하도록 하라. 결과와 효율없이 무조건 열심히 하는 사람이 제일 위험하다. 공부 잘하는 사람은 밤새워 공부하는 사람이 아니다. 잘 쉬는 사람이 공부도 잘한다.

○ 매너리즘에 빠진다면

회사에 대한 불만족등이 있다면 업무나태와 권태감으로 빠지기 쉽다. 이럴 때는 상사와 상담을 하고 자신이 원하는 것이 이루어지지 않는다면, 충분히 준비한 뒤에 이직을 해야 한다. 기본적으로 자신이 충분히 회사에 이익창출에 기여함은 물론이고 자신이 그에 상응하는 자질도 갖추고 있어야 한다. 장기적인 인생에 대한 계획을 가지고 직장에 열심히 일하되 자기 계발도 하여 미래를 고민하고 준비해야 한다.

○ 스트레스는 누구나 있다

스트레스는 피할 수가 없다. 어떤 연구는 스트레스가 일정하게 있어야 사람이 긴장하게 되어 건강유지도 되고 정신 건강상 좋다고 한다. 매일 자신의 삶을 돌아볼 수 있는 시간도 필요하고 말씀묵상과 그 문제에 대한 기도하는 것이 제일 중요하다. 자신이 겪고 있는 문제에 대해 무작정 피하는 것보다 하나님이 자신에게 주시는 음성을 먼저 들어보고 행동하는 것이 가장 현명한 일이다. 하나님은 우리가 스트레스에 빠져서 하나님을 못 보게 되는 것을 안타까워 하신다. 우리의 짐을 하나님께 맡기고 우리는 하나님의 평안을 누려야 한다.

토론 질문

- 당신이 직장에서 겪는 가장 큰 스트레스는 무엇입니까?
- 당신은 누구와 직장에서 갈등을 겪고 있습니까?
- 당신은 업무과중으로 스트레스를 받고 있습니까?
- 당신은 회사에 대한 불만족하는 점이 있습니까?
- 당신은 회사에서의 어려움에 부딪쳤을 때 하나님께 의도를 물어보신 적이 있습니까?

17.
조직문화

○ 조직문화의 중요성

회사마다 특유의 조직문화가 있다. 조직문화는 눈에 보이지 않는 무형의 것이지만 조직의 생산성, 회사의 가치 등에 큰 영향을 미친다. 조직문화는 회사의 목표와 비전을 향해 갈 수 있게 만드는 원동력이 된다. 큰 회사마다 나름대로의 조직문화가 있고 조직문화가 그 회사의 정체성을 나타내기도 한다. 크리스천은 직장문화를 창조해 내고 선한 쪽으로 이끌어야 될 의무가 있다. 조직문화는 오너의 가치관과 추구하는 회사의 목적과 밀접하게 연관되어 있는 경우가 많다. 종업원의 복지를 최우선으로 하는 회사도 있고, 자유롭게 업무를 할 수 있는 분위기를 만들어 주는 회사도 있다.

○ 섬기는 조직문화

우리는 조직의 분위기를 화평케 하고 서로 섬길 수 있도록 조직 문화를 만들어야 되고 내가 먼저 솔선수범해야 한다. 직급이 낮다고 수동적인 자세로 문화를 받아들이는 것이 아니라, 크리스천으로서의 향기를 만들고 크리스천의 문화를 '은근히' 심어주고 조직에 영향을 미치는 것이 좋다. 예를 들면, 조직에 남의 흉을 보는 것이 보편화되어 있는 경우에, 내가 거기에 끼어서 남을 흉 보는 것이 아니라, 그 사람의 장점을 이끌어 내고 칭찬하는 쪽으로 유도할 수 있다. 개인적인 분위기의 조직이라면 내가 먼저 솔선수범하여 남을 도와주고 파편화된 개인들을 묶어낼 분위기 메이커가 되어야 한다. 왕따 된 직원이 있다면 내가 먼저 친구가 되어 주어야 한다.

○ 조직문화는 눈에 안 보이는 자산

조직문화는 눈에 보이지는 않지만 직원들의 행복과 충성도, 팀웍, 생산성, 사기, 윤리의식등등 여러 분야에 영향을 미친다. 사장이 독단으로 결정하고 밑에 직원은 일절 의견 제시 못하는 Top-down 방식의 의사결정 구조나 관료식 구조, 남의 뒤통수를 치는 지나친 경쟁구조는 조직을 멍들게 하고 기업이 눈에 보이지 않게 병들어 가게 하는 원인이다.

○ 적이 아닌 조력자 되기

너무나 경쟁이 심한 조직의 경우에는 서로가 경쟁자가 되어 서로를 적으로 생각하는 경우도 있다. 우리가 먼저 무장 해제 하여 그들과 서로 성장할 수 있도록 고민하고, 나의 업무도 중요하지만 남의 업무도 중요하다는 관점으로 그들이 성공하도록 도와주어야 한다. 남이 잘 되어야 내가 잘 된다는 마인드로 일하면 조직은 당신은 알아줄 것이다.

○ 조직문화 창출자 되기

세상의 문화에 우리는 거스르는 자가 되어야 한다. 이를 위해서는 우리는 창조적 기질을 발휘하여 어떻게 하면 조직문화에 이바지할 수 있을까 고민해야 한다. 음주 문화 대신에 연극, 영화, 독서 등의 문화체험을 같이 하고 업무에서 머리를 식힐 수도 있고, 좀 더 생산적인 방법으로 조직의 문화를 이끌 수가 있다. 당신은 세상의 빛과 소금이다. 조직에서 당신이 가는 부서마다 분위기가 살아나고 서로를 위해 주고 천국과 같은 경험을 시켜주는 것이 당신의 의무이다. 우리가 여기서 천국을 누려야 하늘에서도 천국을 누리지 않을까. 당신은 조직문화를 수동적으로 따르는 자가 아니고, 조직문화를 바꾸고 분위기를 살리는 역할을 감당하여 직장이 천국이 되도록 하여야 한다.

○ 예배하는 크리스천 회사?

크리스천 사장님들이 회사에서 전직원들과 예배를 드리는 경우가 있는데, 이는 종교의 자유를 침해할 여지가 있으므로 이를 강제해서는 안 된다. 한때는 크리스천 기업이라고 사목실 만들고 전직원 예배를 드렸지만, 비신자들이 예배는 드리면서 직장 내의 삶엔 이중성을 보이는 것을 보면서 기독교에 대해 혐오를 느끼고 있다. 형식적인 예배보다는 삶이 예배가 되어야 한다. 노동이 기도가 되어야한다. 예배를 강요하면서 임금체불하고 탈세하면 무슨 소용이 있는가?

토론 질문

- 당신이 일하는 조직의 분위기는 어떻습니까?
- 당신이 일하는 조직의 좋지 않은 문화에는 어떤 것이 있습니까?
- 당신은 직급이 낮다고 그냥 수동적으로 조직문화를 받아들이십니까?
- 당신은 조직의 문화에 기여하는 사람입니까?
- 당신의 조직을 천국으로 만들기 위해 당신이 할 수 있는 일은 무엇이 있습니까?

18.
인사관리, 직원이 행복해야
회사가 성공한다

○ 인사관리의 핵심

인사관리의 핵심은 회사의 비전과 직원의 비전을 일치시켜서 같은 방향(Alignment)으로 나가게 하는 게 경영학에서 배우는 인사관리의 핵심이다. 직원들이 생계유지를 위해 직장을 다니지만 그 보다 높은 비전과 가치를 주어서 개인의 발전과 회사의 발전을 같이 성장시키는 것이 이상적이다. 하지만 현실은 그렇지 못하다. 인사관리라 함은 주로 직원들을 평가하고 근무지 발령 업무와 각종 보험, 인사평가 등을 하는 업무로 축소되어 있다.

회사 운영은 성공은 인사관리가 중요한 요소이다. 직원을 소홀히 대하여 직원들의 회사에 대한 애사심이 없고 충성도가 없고 이직률이 높으면, 제품이나 서비스에도 영향을 주고 매출하락 등의 악영향이 일어난다. 특히, 비즈니스를 하는 사업가들은 특히 더 중요하다. 하나님이 보내주신 귀한 영혼들을 소홀히 대하고 크리스천으로서의 모범을 보이지 않으면 하나님의 영광을 더럽히는 일이 된다.

○ 비전 공유

'예수님과 함께한 직장생활(Next Level)'이라는 소설이 몇 년 전 인기가 있었다. 거기에 보면 회사의 층수별로 일하는 근무자들의 태도가 나오는데 아래층에 있을수록 불만들이 많고 자기의 안위만을 생각한다. 하지만 층수가 올라갈수록 회사의 비전과 능동적인 회사생활을 하는 직원들의 태도를 보이고 있다. 결국, 회사의 비전과 가치를 얼마나 잘 공유하여 거기에 직원들이 이바지 하는가에 따라 직원들의 태도가 바뀐다.

그러려면 회사는 이익추구만을 위한 것이 아니라 사회적, 환경적으로 기여를 할 수 있는 목표도 필요하다. 그런 선한 목적을 만들어서 실천해야 직원들의 선한 동기도 자극될 수 있다. 그렇다고 실천을 안 하는 죽은 비전과 가치를 만들어 실제 경영진이나 오너가 립서비스를 한다면 직원들은 더 실망할 수 있다.

○ 직원의 행복과 생산성

많은 기업들이 직원들의 복지나 업무 스트레스를 줄이고 직장 내에서 행복과 성취감을 이룰 수 있도록 신경을 쓴다. 직원의 행복은 적극적인 업무 참여와 창의성을 자극하며 업무 효율성을 높인다. 직원을 쪼으면서 창의성을 바라고 생산성만 강조한다면 한계가 있다. 인간의 뇌는 감시과 관리만으로는 억지로 좋은 아이디어를 만들어 내지 못한다. 직원의 행복은 좋은 조직문화를 만들기 위한 밑거름이다. 회사가 추구하는 가치가 있어도 직원들이 불만이 많고 동참하지 않으면 그냥 빈 구호로 그칠 수 있다.

○ 직원은 최대의 이해관계자

우리는 고객은 왕이다라는 말은 많이 들었다. 최근에 갑질하는 손님들 때문에 고생하는 직원들의 편에서서 갑질 고객은 받지 않는 회사도 있다. 고객보다 더 중요한 것이 직원이다. 회사에 불만스럼 직원이 생기면 부정적인 느낌이 고객에게도 그대로 전해진다. 억지로 웃으면서 고객을 대하는 감정노동자들이 회사에서 일하는 기쁨으로 고객을 대한다면 그것이야 말로 이상적인 모델이다. 직원은 내부 고객이다. 직원을 만족시키지 못하고 설득시키지 못하는데 어떻게 고객을 감동시키고 만족시키겠는가.

○ 칭찬은 고래도 춤추게 한다

한국사람은 칭찬에 인색하다. 잘하면 본전, 못하면 욕 먹는 조직문화에서는 직원들의 동기를 유발할 수 없다. 칭찬을 잘 해야 한다. 조그만 일에도 칭찬을 하면 성취감을 느끼고

더 큰일이나 다음 단계의 일을 더욱 더 적극적으로 하게 된
다. 직원들의 좋은 아이디어에 대한 적절한 보상이 있어야 한
다. 직원들마다 달란트가 다 달라서 한 사람의 나쁜 단면만
보아서는 안 된다. 나쁜 점보다는 그 사람의 강점들을 최대
한 발견해서 관련된 업무를 시키고 최대한 그 역량이 회사에
서 더 자라도록 해야 하는 것이 인사관리의 핵심이다.

○ 위임하기(Empowering)

중소기업 사장들을 보면 직원들의 일들을 못 믿어서 마이
크로 매니지를 하는 경우가 있다. 모세가 장로들을 세워서
일을 분담하지 않으면 우리는 큰 그림을 보지 못하고 말단
사원들이나 대리들이 할 일을 사장이 하고 있는 경우가 많
다. 가끔 일을 체크하는 검증 활동이 필요하지만 위로 올라
갈수록 실무보다는 전략적인 일들을 해야 한다.

과감히 직원들에게 일을 위임하고 그들이 일을 잘 수행할
수 있도록 환경을 조성해 주는 것이 좋다. 구멍가게에서 중
소기업, 그리고 대기업이 되려면 이러한 직원 위임이 얼마나
효과적으로 잘 되느냐에 달렸다. 자신의 업무를 나눠주지 못
하면 회사의 크기는 자신의 업무역량 밖에는 자라지 못하는
것이다.

○ 직원 인터뷰

인사관리 중에 적절한 사람을 버스에 태운다는 것이 인사관리에 기본적인 룰이다. 하지만 아무리 인터뷰를 잘 하고 해도 결국 일하다 보면 인터뷰때 받은 이미지와는 다른 경우도 많고, 업무역량도 다를 때가 많다. 최대한 일에 맞는 사람을 찾는 것은 중요하면서도 완벽할 수 없다. 직원 인터뷰를 열심히, 신중히 하되 뽑은 직원에 대해서는 인내를 가지고 그 사람의 달란트를 찾아서 업무에 연결시키고 회사에 어떻게 이바지할 수 있도록 동기부여 할지 고민해야 한다.

○ 훈계와 보상

크리스천 오너라고 해서 무작정 직원들에게 퍼준다는 것도 오해다. 잘 한일에는 적절한 보상과 잘못한 일에는 훈계가 필요하다. 그들이 다른 곳에서 일할 때를 위해서도 그렇고 크리스천이라고 무조건 퍼주는 흐물흐물한 원칙없는 태도를 보이면 안 된다. 다만 훈계나 처벌을 할 때 사랑으로 이 직원이 개선할 수 있도록 도와주는 역할을 하여야 한다. 성경에서 자녀를 훈육하라고 나왔듯이 우리도 잘못한 직원에게는 훈육을 잘 해야 한다. 특히 윤리적 문제에 있어서는 거짓말 하지 않는 것은 생명이다. 보통 3진 아웃제도로 2번까지는 용서하되 3번째는 해고하는 식의 원칙을 갖춰야 한다.

○ 직원은 하나님이 나에게 맡기신 양들

직원들은 그냥 생산을 위한 수단이나 장부상에 인건비가 아니다. 그들은 하나님이 우리에게 보내신 양이다. 목사님이 목회를 하듯, 비즈니스 오너들은 자기에게 온 영혼들을 잘 케어해야 한다. 특히 오너들이 크리스천이라고 하면 직원들을 막대하고 모범적인 모습을 보이지 않으면 우리는 그들을 시험케 하는 죄를 범한 것이다. 그들의 속사정과 어려움들을 돌봐야 한다. 회사에 예배실 만들지 말고 직원의 복지에 더 신경쓰고 예배드리지 말고 직원들에 휴식시간 더 주는 것이 현명할 수 있다. 크리스천 기업이라고 홍보하고 불법을 저지르고 직원들 감시하고 노조탄압하는 속에서 영혼들이 받을 상처들을 항상 생각해야 한다.

토론 질문

- 당신의 직원 인사관리에 대한 원칙이 있나요?
- 직원의 행복을 위해 어떤 제도들을 가지고 있나요?
- 직원들이 당신회사에 입사해서 발전하고 있나요?
- 직원들의 불만을 들어본 적이 있나요?

19.
창의성이 생명이다

"믿음은 바라는 것들의 실상이요 보지 못하는 것들의 증거니" (히브리서 11:6)

○ 한국 교회, 상상력의 부족

요즘은 창조니 창의니 하는 단어가 대세이다. 혁신적인 제품과 서비스를 만들려면 창의력은 매우 중요하다. 한국 교육이 주입식 교육이다 보니 질문하고 궁금해하고 하는 능력이 발달되지 않는다. 특히나 한국 교회의 성격상 오픈 대화나 궁금한 것에 대해서 질문을 하지 않는다. 그러다 보니 상상력이 부족하다. 그러나 성경 속에 나오는 스토리를 묵상하고 예수님의 사역들을 보면 새로운 틀을 깨고 하나님의 섭리를 보게 되며 통찰력을 키우는 훈련의 도구가 될 수 있는데 그것들을 썩히니 참으로 안타깝다.

○ 창조는 발견이다

하늘 아래 새로운 것은 없다는 솔로몬의 고백처럼 우리는 하나님이 아니므로 새로운 것을 창조할 수 없다. 우리는 발견하는 것이다. 과학기술의 발전도 자연법칙의 발견이다. 창조도 모방의 일종이다. 창조하는 것은 연결, 용도 전환 등을 통해서 있는 것을 재활용하는 것이다. 애플의 아이폰도 이미 공상과학 영화나 소설에 이미 등장하는 것이다. 발견하고 관찰하는 능력이 중요하다. 그럴려면 보이지 않는 것을 보는 훈련이 필요하다. 그것이 곧 우리의 믿음과 신앙고백 아닌가.

○ 창의성 키우는 훈련하기

창의성을 기르려면 여러 가지 훈련이 필요하다. 첫째는 깊은 성경 묵상과 기도를 추천한다. 이를 통해 깊이 사색하고 하나님의 지혜를 구하는 훈련이 우선이다. 성경묵상은 구절마다 이면에 녹아내린 하나님의 뜻을 찾아 내는 훈련이다. 결국 히브리서에 나온 것처럼(히브리서 4:12) "하나님의 말씀은 살아 있고 활력이 있어 좌우에 날선 어떤 검보다도 예리하여 혼과 영과 및 관절과 골수를 찔러 쪼개기까지 하며 또 마음의 생각과 뜻을 판단하나니", 사물의 본질을 꿰뚫어 볼 수 있는 능력이 생긴다. 둘째는 충분한 안식과 놀이, 여행을 추천한다. 자기가 속한 공간에서 벗어나고 여행하고, 놀이하고 쉬면서 우연히 발견되는 통찰력들이나 아이디어가 나오는 경우가 많다. 셋째는 독서이다. 독서에는 귀중한 교훈들과 뇌를 자극할 소재들을 많이 얻을 수 있는 보물창고이다. 넷째는 여러 분야의 사람들을 만나 대화하는 것이다. 우연히 대화하다가 얻어지는 아이디어가 많다. 다섯째는 왜라는 질문을 하는 것이다. 이를 통해서 기존에 문제들을 다시 보고 남들이 하는 방식에 의문을 품으면 새로운 제품과 서비스에 혁신이 생길 아이디어를 얻을 수 있다.

○ 융합·통섭의 시대

한국에 교육은 너무 일찍 문과, 이과를 나누어 두 종류의 인간으로 만든다. 산업화 시대에는 분업으로 인해 미리 세분화된 전공을 만들어서 산업계에서 쓸 인간들을 교육하는 대량 교육 시스템이었다. 하지만 지금의 통섭의 시대, 융합의 시대이다. 공대와 경영의 결합, 바이오와 IT의 결합, 예술과 경영의 결합 등등 다양하다. 예전에 위인들을 보면 여러 가지 일을 하는 천재가 많다. 레오나르도 다빈치는 여러 가지 분야를 섭렵한 화가이자, 과학자, 발명가였다. 창조의 기본은 연결과 통합이다. 이제는 여러 가지를 경험한 인재가 필요하다. 한 우물만 파라는 얘기가 이제는 안 통할 수 있다.

○ 인문학이 중요하다

한국에선 인문학이 죽어서 인문학 기피현상이 심하다. 그런데 성공한 미국 기업가들 중에는 인문학 출신이 많다. 피터 틸(페이팔 창업자)는 스탠포드에서 철학을, 스티브 잡스는 대학 중태이지만 불교와 동양철학에 빠진 사람들이다. 결국 사람을 이해해야 마케팅이며 사람이 필요한 제품과 서비스를 만들어 낸다. 사물에 대한 통찰력을 키우려면 인문학이 필요하다. 경영을 하려해도 인간에 대한 이해를 위해서도 인문학이 필요하다. 성경이 중요하지만 성경의 근본 속에서 세상 사람들의 생각들을 이해하려면 인문학의 통찰이 중요하다.

○ 놀이와 창의성

인간은 놀이하는 존재이다(호모 루덴스·호이징아). 놀이를 통해서 인간의 뇌는 창의성을 나타낸다. 만약 일이 놀이가 되면 얼마나 좋을까? 자기가 하는 일이 정말 즐겁고 한다면 창의성은 저절로 나온다. 쉼을 통해서 에너지를 충전해야 자기의 일하던 방식을 다시 돌아볼 수 있다. 요즘은 한국에서 다양한 취미 생활을 하는 젊은이들을 많이 보는데 좋은 현상이다. 많이 놀아본 사람이 공부도 잘하고 실력도 있는 시대다.

○ 일자리의 미래

인공지능과 등장으로 인간의 일자리는 줄어들고 있고 많은 전문직 또한 예외가 아니다. 그러려면 우리는 인공지능과 로봇이 할 수 없는 일을 해야 한다. 그중에 하나가 창의적인 일을 하는 것이다. 간간이 인공지능이 만든 시나 소설, 뉴스

등이 등장하는데 인간의 감성을 모방하기는 쉽지 않다. 결국은 창의하는 속성은 인간이 로봇보다 잘 할 수 있는 일 하나가 아닌가 생각된다. 그러므로 지금부터 달달 외우는 지식 주입식 교육보다는 새로운 것을 발견해 내고 만들어 낼 수 있는 훈련이 필요하다.

○ 사업의 핵심 역량

결국 비즈니스의 성패는 앞으로 창의성 여부에 달렸다. 아무리 창의성을 말로만 강조해도 쥐어짠다고 나오는 것도 아니다. 아이디어를 자유스럽게 내고 그에 대한 보상과 근무환경, 조직문화 등 다양한 요소들이 복합적으로 작용해야 하는 것이다. Out-of-box 하지 않으면 이제는 도태된다. 특히 비즈니스 오너는 부지런히 상상하고 실행하고 창의성을 길러야 한다.

토론 질문

- 당신의 창의성 역량은 어느 정도인가요?
- 창의성 훈련을 위해 어떤 훈련을 하고 있나요?
- 당신이 가지고 있는 역량들이 어떻게 되나요? 당신은 통합형 인재인가요?

20.
성경에서 배우는 마케팅

○ 마케팅의 중요성

마케팅의 비즈니스 성패의 가격 큰 요소이다. 단순히 영업하는 것보다는 고객들이 오도록 만드는 길목을 지키는 것이 마케팅이다. 좋은 상품과 서비스를 만들어도 그것들을 사람들이 알지 못하면 무슨 소용인가. 마케팅은 단순히 홍보만을 얘기하는 것이 아니다. 고객과 소통하고 가치를 전달하고 고객의 니즈를 이해하고 시장의 흐름을 분석하는 등 다양한 활동을 지칭한다. 성경에서 나오는 통찰력으로 마케팅에 적용하는 일도 흥미로운 일이다.

○ 차별화 전략 vs. 가격 전략

경영에서 경쟁자와 경쟁을 하려면 크게 두 가지 전략으로 나뉜다. 차별화 전략(Differentiation)이냐 가격 전략(cost-reduction)이냐로 나눌 수 있다. 아이폰이라는 스마트폰이 나왔다. 이는 기존에 폴더폰과는 다르다(차별화전략). 그러나 시장에는 이내 모방자들이 나타나서 더 싼 가격으로 고객들을 유혹한다(가격전략). 보통은 시장이 포화되어 가면서 차별화 전략에서 시장은 가격 전략으로 매력을 잃게 된다.

시장에서 마진을 계속적으로 유지하려면 계속 차별화된 전략을 찾아야 한다. 그러려면 남들과 다른 것을 만들어 내야 한다(창조·창의성). 한국은 추종자로서 모방하여 만드는 제품들은 잘 하나 아직 창의적으로 새로운 것을 만드는 능력은 떨어진다.

블루오션에서 놀 것이냐, 레드오션에서 놀 것이냐 미리 결정해야 한다. 남들이 하지 못하는 것을 해야 더 수익이 좋다. 남들하는 치킨집을 하더라도 뭔가 차별화 전략을 갖춰야 한다. 차별화하려면 성경처럼 우리는 기존의 틀을 따르면 안 된다. '너희는 이 세대를 본받지 말고 오직 마음을 새롭게 함으로 변화를 받아…'(로마서 12:2)처럼 마음을 새롭게 하여 변화를 줘야 한다.

○ 창조자와 추종자(First mover vs. Follower)

시장에 먼저 진입하면 많은 혜택이 있다. 경쟁자가 오기 전에 시장을 선점을 할 수도 있고, 많은 수익을 올려 다음 단계로 가기 위한 준비를 할 수 있다. 그러나 항상 시장에 먼저 진입한다고 성공하는 것도 아니다. 타이밍도 중요하다.

○ 시장을 독점하라

피터 틸(페이팔 창업자)은 '경쟁하지 말고 독점하라'라고 한다. 아마존처럼 온라인 업계를 평정해 버리면 경쟁할 필요가 없다. 시장 자체를 만드는 경우도 있다. 요즘은 온라인 플랫폼 비즈니스가 대세인데 아예 시장을 독점하여 경쟁자들이 들어오지 못하게 진입 장벽을 높인다. 이러려면 고객들을 선점하고 고객들이 충성도를 가지고 남아 있어야 한다.

○ 입소문 마케팅

기독교의 전파는 놀라운 하나님의 계획이다. 처음에 예수님의 사역과 기적들이 신약성경이 씌여지기 전부터 전파되었다. 입소문 효과는 대단하다. 효과를 본 사람들이 광고를 대신해 주는 것이다. 효과를 본 손님들이 효능을 알린다. 인터넷이나 SNS에 리뷰를 올린다. 특히, 저예산으로 마케팅을 하는 경우에는 아주 효과적인 수단이 된다.

○ 통찰력·공감능력

마케팅은 결국 사람의 마음을 읽는 것이다. 필요한 요구를 파악하는 것. 특히 예수님은 통찰력이 대단하시다. 공감능력도 좋으시다. 그러니 수많은 제자와 군중들이 따른 것이 아닌가. 통찰력은 하루아침에 생기는 것이 아니다. 깊은 사색과 묵상을 통해 나오고 성경을 깊이 읽고 해석해 내는 것에서 통찰력을 기를수 있다.

우리가 선교와 전도를 할 때도 공감능력은 기본이다. 해다 선교지의 문화를 무시하고 무리하게 일방적이고 기계적인 복음 선포하고 선교했다고 할 수 없다. 'Into the Culture'를 해서 그들과 공감해야 그 사람들을 움직일 수 있는 것이다. 특히 4차 산업 혁명에서 기계나 인공지능이 할 수 없는 부분이 공감능력이라고 생각된다.

○ 예수님은 혁신가

예수님은 사역들은 이 땅에 혁신가의 역할을 하러 오셨다. 기존에 하나님에 대한 개념을 바로 잡고 성경해석의 틀을 고쳐주며, 기존의 관습들을 개혁하셨다. 구태의연한 종교지도자들을 질타하시고 바리새인들을 나무랐다.

우리는 왜라는 질문을 항상 해야 한다. 사물이나 현상을 보고 왜라는 질문을 3번 이상 해고 스스로 답해야 한다. 기존에 세상 사람들이 하던 방식을 그대로 따르면 안 된다. 비즈니스 또한 우리는 이런 질문 속에서 항상 혁신(Innovation)을 하여야 한다. 사물의 본질을 보고 문제를 해결하는 능력이 훈련을 통해서 필요하다. 성격속에 예수님의 기존 종교세력과의 대화는 온통 이러한 혁신에 대한 질문들이다. 여기에 뒤떨어지면 우리는 종교지도자들과 바리새인들처럼 헛다리

짚고 비즈니스 할 수도 있다.

○ 필요한 것과 원하는 것(Need vs. Want)

고객들은 항상 필요한 것이 있고(Need), 원하는 것(Want)가 있다. Want는 고객들이 현상적으로 요구하는 것이다. 진정한 필요는 Need이다. 예수님이 사역하실 때 병자들을 고쳐주시면 '네가 원하는 게 뭐냐'고 물어보신다. 당연히 환자들은 Want로 병이 고쳐지길 원하는데, 당연한 거를 물어본다고 생각할 수도 있다. 그러나 예수님이 듣고자 하고 병자들이 더 필요하다고 생각한 것은 '죄사함'과 '구원'이다. 병을 고친 뒤에 너는 죄사함을 받았다느니 구원받았다느니 하는 것이 우리에게 더 필요한 것을 주시고 싶은 예수님의 마음이다. 고객들도 어쩔 때는 자기가 진정으로 원하는 것이 무엇인지 모른다. 우리는 고객과 깊이 공감하여 그 부분을 찾아내는 통찰력이 필요하다.

○ 다윗 vs. 골리앗

다윗과 골리앗이 싸움은 너무나 많이 듣는 얘기이다. 말콤 글래드웰의 경영에세이, '다윗과 골리앗'에서도 이 이야기를 다룬다. 경쟁하지 말고 나만의 게임 법칙에서 경기를 하라는 포인트이다. 베트남전에서도 베트콩들이 미국을 상대로 해서 전쟁을 이길 수 있었던 것은 그들의 게릴라 전략이 컸으며 이것은 미국의 전략인 물자전쟁이나 전면전의 법칙을 피해 자기만의 법칙으로 싸운 것이다. 베트콩들은 낮에는 움직이지 않고 밤에만 움직이며 굴들을 파서 눈에 띄지 않고 여기저기서 나타났다.

다윗도 골리앗처럼 방패와 창으로 싸우지 않았다. 그걸로 싸웠으면 졌을 것이다. 그러나 상식을 깨고 돌팔매로 이겼다. 골리앗은 거인이라 몸도 느리고 눈도 안 좋았을 거라는 추측을 한다(거인증). 다윗은 자기의 게임의 룰도 이겼다. 우리도 자원이 한정되어 있고 큰 기업과 상대하려면 가끔은 우리의 법칙으로 싸워야 한다.

이순신 장군도 일본수군을 상대로 스마트하게 싸웠다. 물살을 이용하고 판옥선의 얕은 수심 접근성을 이용하고, 장거리 포를 사용하며, 미리 이길 수 있는 확신이 있을 때만 싸워서 23전승을 거둔 것이다. 비즈니스를 하다 보면 항상 부족한 것이 많다. 이럴 때 우리는 하나님의 인도하심과 지혜가 필요하다. 기도와 말씀 속에서 그 길을 찾아야 한다.

○ 포지셔닝과 틈새시장(Niche Market)

제품군들이나 서비스군을 분석하면 시장에는 여러 종류의 경쟁자들이 생태계를 이루며 산다. 우리는 제한된 자원과 시간안에서 모든 종류의 세분화된 시장을 공략할 필요가 없다. 시장을 세분화하여 자신이 강한 분야를 공략한 뒤에 시장을 확대하는 것이 좋다(아마존이 하는 전략). 그리고 자원이 아주 한정된 경우에 틈새시장을 공략하면 된다. 시장을 세분화하면 틈새시장의 존재는 무궁무진하다.

○ 겨자씨 비유

예수님이 천국의 비유를 하실대 겨자씨의 비유를 하신다. 누가복음 13:18~19절에서 예수님은 "그러므로 가라사대 하나님의 나라가 무엇과 같을꼬 내가 무엇으로 비할꼬 마치 사람이 자기 채전에 갖다 심은 겨자씨 한 알 같으니 자라 나무가 되어 공중의 새들이그 가지에 깃들였느니라". 보잘것 없는 조그만 씨앗이지만 나중에 나무가 되어 새들이 깃들수 있다는 천국의 비유는 비즈니스도 해당된다.

요즘은 비즈니스 성장의 속도가 IT업계의 경우나 플랫폼 비즈니스의 경우에 기하급수적 성장을 하는 경우가 있다. 수학에서도 기하급수적 성장은 첨에는 보잘 것 없는 숫자일 수도 있지만 어느 순간이 되면 상상을 초월한 발전을 거듭한다. 아무리 시작한 비즈니스가 작아도 하나님이 쓰시면 겨자씨 같이 쓰시니 규모에 연연해 하지 말고 자기의 전문성을 갈고 닦아야 한다.

○ 빅데이터

요즘 마케팅에 화두는 빅데이터이다. 모든 데이터들을 활용해서 고객들의 움직임, 구매패턴, 주기, 흐름 등을 분석하여 예측가능한 데이터로 만들 수 있다. 세상에는 데이터들이 넘쳐나지만 결국은 이것을 어떻게 스마트하게 만드느냐가 관건이다. 앞으로는 대기업뿐만 아니고 중소기업들도 빅데이터 활용할 수 있는 툴들이나 데이터 가공회사들이 싼 값으로 제공할 것이다. 중소기업들도 한 단계 나가려면 염두에 두어야 한다.

토론 질문

- 당신 회사의 제품과 서비스는 위의 전략 중 어떤 것을 사용합니까?
- 성경을 읽으면서 새롭게 발견한 마케팅 방법이 있나요?
- 당신이 창업한다면 어떠한 저예산 마케팅 기법을 쓰겠습니까?
- 4차 산업시대에 새로운 마케팅 전략이 있다면 무엇입니까?

21.
창업정신

○ **파괴적 혁신자**

경제학자인 슘페터는 창업가 정신이 자본주의 발전의 원동력이라고 보았다. 그리고 창조적 파괴(Creative disruption)을 통해서 새로운 시장을 만들고 고객들에게 새로운 상품과 서비스를 제공한다. 아이폰이나 에어비앤비, 우버 등은 그러한 기존 산업에 창조적이며 파괴적인 영향을 준다. 우리는 예수님처럼 혁신가가 되어서 산업에 새로운 상품과 서비스를 제안해야 한다.

우리의 사업목적은 경제적 이익은 기본이고 사회적·환경적 책임과 아울러 하나님 나라의 확장을 위해서 영적 영향력도 고려해야 한다. 그럴러면 더욱더 창의적이고 남들이 안 가는 길을 개척할 때도 있다. 이집트에서 광야 생활하며 모든 역경을 이뤄낸 이스라엘 백성들처럼 우리도 험란한 광야를 벤처정신으로 건너야 한다.

○ Comfort Zone 벗어나기

우리의 신앙은 항상 편안 지역을 벗어날 때 성장한다. 베드로가 배 밖으로 나와서 예수님을 향해 걸을 때 믿음이 생긴다. 우리도 우리의 모든 안락인 돈과 편안함에 묻혀서 살다 보면 하나님의 은혜를 못 느낄 때가 있다. 우리는 철저하게 살려면 Comfort Zone(편한 지역)을 벗어나야 신앙의 업그레이드가 된다.

○ 직장은 나를 책임져 주지 않는다

직장생활을 하다 보면 월급에 중독된다. 회사가 나를 영원히 책임져 줄 것이란 착각에 빠진다. 직장이 우상이 될 수 있다. 미래에 대한 준비가 없이 퇴직하여 치킨집 차려야 하는 현실에 우리는 무엇을 해야 하는가? 은퇴의 시간도 이제는 수명 연장으로 길어졌다. 나머지 은퇴 후에 아무 일 없이 어떻게 30, 40년을 버틸 것인가? 미리미리 준비해야 한다. 그러려면 창업에 대한 일들을 미리 계획할수록 좋다. 좋아하는 분야를 공부해서 역량을 키우고 창업도 병행하면서 직장생활을 하는 것도 방법이다.

○ 창업 여건의 다변화

요즘은 콘텐츠 비즈니스, 온라인 비즈니스 등이 많아졌다. 자본을 많이 들여서 하는 음식 장사나 다른 비즈니스의 창업에 들어가는 자본보다는 노하우나 경험에 근거한 비즈니스들도 많이 생겼다. 창업의 첫 조건이 자본이라는 고정관념을 버리고 자신의 네트워크와 경험을 이용하는 것도 큰 자산이다. 당신의 경험이 누구에게는 소중한 어드바이스가 될 수 있다. 거대한 자본을 들여 퇴직금을 다 집어넣고 하는 사업은 위험하다. 돈 안 들이고 리스트를 줄이는 사업도 많으니 여러분의 경험과 지식을 이용한 비즈니스 모델도 고민해 보라.

○ 중요한 건 비즈니스 모델과 핵심 역량

보통 착각하기 쉬운 것이 시장에서 고객의 수요를 찾아내고 비즈니스를 시작한 경우에 제일 중요한 것이 '어떻게 돈을 버는가'라는 비즈니스 모델이 중요하다. 특히 서비스업의 경우에는 무형의 것을 어떻게 유형의 상품처럼 가격을 책정하여 돈을 받을 것인가가 중요하다. 사람들은 관심이 많은데 수익을 못 만들고 망하는 사업이 많다. 아무리 군중이 많아도 현금이 어떻게 들어올 것인지 머리에 염두에 두어야 한다.

그리고 자신의 핵심 역량이 무엇인지 파악하는 것도 중요하다. 회사마다 달란트가 있다. 남들과 구별되어 나만의 상품과 서비스를 만들어 낼 수 있는 역량이다. 이것이 없으면 비즈니스의 성공은 힘들다.

○ 4차 산업시대의 환경변화

4차 산업시대의 환경변화로 인해서 인간생활 양식과 비즈니스의 흐름도 많이 바뀌고 있다. 기술을 몰라도 기술을 응용하여 여러 창업의 기회로 삼으면 된다. 전통산업에 IT나 4차 산업의 기술을 접합하면 무궁무진한 기회가 온다.

예를 들어 유통회사들은 경쟁이 심하나 4차 산업시대의 무인자동화 기술로 오카도(ocado.com)라는 회사는 유통업이 본질이 아닌 기술이 본질로 보고 진보된 유통회사로 원가를 절감하고 있다. 이렇듯 4차 산업의 파도를 타지 않으면 시장에서 도태될 수 있으니 잘 흐름을 파악하고 적용할 수 있어야 한다.

○ 1인 창업

요즘 한국에서 1인 창업이 열풍이다. 이제는 제조업도 1인 제조업 시대를 가진다. 모든 업무들이 모듈화되어서 아웃소싱도 쉬워졌다. 스마트 제조업의 등장으로 직접 제조할 수도 있고, 아니면 외주 공장들을 이용해도 된다. 이제는 양극화 현상으로 아마존과 같은 거대 IT기업들이 독점력이 커질 것이다. 그 외엔 개인들의 역량들을 이용한 1인 창업자들이 늘어날 것으로 기대된다. 더군다나 수명 연장과 은퇴 후에 재정에 대한 불안으로 뭐라도 해야 된다. 그리고 취미와 돈버는 창업의 경계도 허물어질 것으로 본다.

○ 사회적 기업가(Social Entrepreneur)

BAM을 하다 보면 사회적 이슈나 환경이슈를 다루는 사회적 기업의 결합형태로 할 수도 있다. 사회적 기업는 수익창출 및 사회적 문제해결을 해야 하므로 더 어렵다. 다행히 한국에서는 사회적 기업에 대한 정부지원이 있기는 하지만 그것만 의지하는 것을 기업의 지속 가능성을 저하할 수 있다. 사회적 기업는 더 치열하게 수익창출을 위해서 고민해야 한다.

후진국의 선교지나 선진국 내에서의 빈민 및 노숙자들을 위한 문제들을 해결할 좋은 사례들도 많이 있다. 비즈니스를 통해서 선한 영향력을 줄 수 있는 기회들을 찾아서 비즈니스 모델로 만들고 이를 위한 사회적 가치 투자(Social Impact Investment)의 기회들도 많이 있으니 고민해 볼 만하다.

토론 질문   👥👥👥

- 당신은 향후에 창업 계획이 있나요?
- 비즈니스를 이미 하고 있다면 창업에 있어서 중요한 요소는 무엇인가요?
- 창업을 주저한다면 이유가 무엇인가요?
- 혹시 사회적 이슈나 환경적 이슈를 이용한 비즈니스를 생각해 본 적이 있나요?

4차 산업시대의 크리스천 일터와 Business As Mission

22.
Business As Mission

○ BAM의 역할

BAM의 사역들은 여러 가지 형태로 나타난다. 선교지에서 선교사님들이 재정을 위해 비즈니스를 오픈하기도 하고, 빈민구제를 위해 평신도 비즈니스맨들이 BAM 사업을 하기도 하며, 현지인들이 비즈니스로 창업이나 확장을 할 수 있게 마이크로 파이낸싱의 프로젝트들도 한다. 중요한 것은 그것을 통해서 하나님 복음을 전하고 가난하고 소외된 자들이 자립할 수 있도록 돕는 것이다.

교회에서의 재정은 교회인구의 감소로 점점 줄어들 것이다. 선교지에 교회를 짓고 재정을 계속 붙는 것은 이제는 지속 가능하지 않다. 그러려면 현지인들이 자생적으로 지속 가능한 모델을 찾아야 하고 BAM은 좋은 수단으로 활용될 수 있다.

○ BAM의 장애들

BAM을 하면서 있는 장애들을 간략히 몇 가지 적으면 다음과 같다.

- **자금의 부족**: BAM을 하려면 자금이 필요한데 자금을 모으기가 쉽지 않다. 자기가 사는 곳에서 비즈니스를 해도 성공할까 말까한데 선교지에서 비즈니스를 하면 리스크가 너무 크기 때문에 선뜻 투자하려고 하지 않는다.

- **현지 사정의 이해 부족**: 선교지의 문화와 언어의 한계로 완전히 다른 환경에서 비즈니스를 해야 하는데 단기간에 이러한 맥락을 이해하는 것은 쉽지가 않다. 특히, 언어소통의 한계로 그들과 소통하면서 비즈니스를 한다는 게 쉽지가 않다.

- **부정부패와 정치적 불안정**: 후진국에 경우에는 부정부패가 만연하여 정상적으로 비즈니스를 하기가 어렵다. 그렇다고 BAM을 하면서 비윤리적으로 하는 것도 옳지 않다. 지혜가 필요하다. 특히 정치적으로 불안하므로 하루아침에 비즈니스가 문 닫을 수 있는 여지가 있다.

• **전문성 결여**: 가끔 선교지에서 하는 비즈니스에 대해서 전문성이 결여되는 경우가 많다. 자기가 사는 땅에서 전문성을 쌓고 자기분야에 대해서는 확실히 알아야 한다. 그렇다 하더라도 완전히 다른 맥락으로는 작동하지 않지만 자기의 전문역량은 기본이다.

• **현지인력의 한계**: 결국 현지인들을 고용하고 같이 일해야 하는데, 교육수준이 낮거나 기술을 갖춘 현지인력을 채용하기 힘들다. 결국 그들을 가르쳐가면 같이 일해야 하는 상황이 많다.

○ BAM을 위한 준비 로컬리제이션: Into the Culture

선교에서 가장 중요한 것은 우리가 현지의 문화 속으로 들어가야 한다. 비즈니스 환경도 전혀 다르다. 선진국에서 사는 생활환경을 기초로 하는 비즈니스와 후진국에서의 비즈니스는 구매자들의 행동양식이 전혀 틀리고 역사, 관습, 문화가 다르므로 충분히 스터디를 해야 한다. 경영혜서 글로컬리제이션(Global + Localization)이라는 단어를 쓰는데, 세상이 글로벌화 되지만 현지에 들어가면 현지에 맞게 바뀌어야 한다. 때로는 현지인의 생활 양식에 맞게 선교지에서는 적정기술을 활용해야 할 때가 많다.

○ BAM 사업계획을 위한 고려 사항

BAM을 위한 고려 사항들을 살펴보면 다음과 같다.

- Vision·Mission Statement: 우리의 비전과 미션은 무엇인가?
- 핵심 역량(Core Capability): 우리의 비즈니스 강점은 무엇인가?
- Business Model: 어떻게 수익을 만들어 내는 구조인가?
- Product·Service: 우리가 판매할 제품·서비스는 무엇인가?
- 인더스트리 분석: 제품군의 인더스트리 상황이 어떠한가? 경쟁자, 시장 크기, 성장 속도 등
- Price: 가격 결정은 어떻게 할 것인가?
- Customer: 우리가 판매하려는 타깃 고객은 누구인가?
- 마케팅: 우리는 제품을 어떻게 홍보하고 고객을 끌어들일 것인가? 우리는 차별화 전략으로 갈 것인가 저가격 전략으로 갈 것인가?
- 유통채널: 우리의 제품을 어떻게 유통할 것인가?
- Finance: 비즈니스를 위한 단기 및 중장기 자금 계획은 어떻게 되는가?
- HR: 비즈니스를 위한 조직도와 인력은 어떻게 수급할 것인가?
- IT 기술 활용: 선교지에서 IT을 이용한 업무향상을 도모할 수 있는가?
- 제조: 현지에서 제조할 것인가, 외부에서 제조할 것인가?
- Scale-up: 만약에 사업이 잘 되면 어떻게 확장할 것인가?
- Spiritual Impact: 궁극적으로 우리가 이루려는 하나님의 선한 영향력을 어떻게 달성할 것인가?
- Collaboration: BAM의 Spiritual impact을 위한 선교사와 또는 다른 기관들과의 협력은 어떻게 이루어 낼것인가?
- Exit 전략: 언젠가 선교지에서 비즈니스를 현지인에게 물려준다면 어떻게 할 것인가?

○ BAM 성공의 요소들

BAM은 정말 어렵다. 비즈니스 하나만으로 어려운데 이걸로 선교나 하나님의 선한 목적을 추구하는 것은 더더욱 어렵다. 선교사들이 직접 현지서 비즈니스를 하는 것도 비즈니스 스킬의 부족으로 어렵고, 평신도 비즈니스맨들도 영적 내공이 부족해서 선교나 선한 목적으로 연결시키기도 어렵다. 좋은 방법은 평신도 비즈니스맨들이 현지 선교사와 유기적으로 결합해서 사역하는 것이다. 그리고 좋은 사례들이 계속 쌓여서 그 사례들이 많이 공유되고 연구되어야 한다. 현지 BAM Global Think Tank에서는 전세계 BAM들의 사례들을 분석하며 정기적으로 Global BAM conference를 열고 있다.[6] 해당 분야의 전문성, 로컬에 대한 이해, 협업 등이 중요하다.

○ BAM의 결과 평가

BAM도 4가지의 영역에서 평가되어야 한다. 수익성(Profitability), 사회적 영향(Social Impact), 환경적 영향(Environmental Impact), 그리고 가장 중요한 Spiritual Impact이다. 이에 대한 평가방법은 정량적(Quantitative) 또는 정성적(Qualitative)으로 할 수 있고, 각종 KPI나 Score balance 카드의 툴들을

---

6   https://bamglobal.org

이용해도 된다. 중요한 것은 우리가 지향하는 방향대로 가고 있는 것인지 평가하는 게 중요하다. 그렇지 않으면 속된 말로 죽도 밥도 아닌 경우가 생긴다.

○ BAM의 지속 가능성

BAM의 사례들이 아직 많지 않고 10년 이상 BAM 사역을 지속한 비즈니스들이 흔치 않다. 그러려면 Exit 전략을 잘 세워 현지인들이 비즈니스 스킬의 향상과 영적인 성숙이 이루어 져야 한다. 우리가 직접 현지에서 활동해서 비즈니스를 한다는 것은 한계가 있다. 결국 그곳 현지에 사업가들을 키워야 한다. 또한 비즈니스가 지속적으로 수익을 낼 수 있도록 떠난 뒤에도 조언할 수 있는 관계가 유지되어야 한다.

○ BAM의 미래

BAM은 선교지에서도 유용하며 현재 자기가 살고 있는 곳도 선교지라고 생각하며 무궁무진한 사역의 기회들이 있는 것이다. 우리는 이곳과 먼곳 다 섬겨야 할 곳이다. 특히, 우리의 수명이 점점 길어지는데 50, 60대에 은퇴해서 나머지 40, 50년을 아무것도 하지 않고 죽는 날을 기다리는 것은 낭비이고 하나님이 우리에게 주신 소명을 잊어버리는 것이다.

교회들은 BAM 및 일터 사역에 대한 교육과 훈련을 강화해야 한다. 교회 울타리 안에서만의 신앙을 얘기하는 교회는 도태될 것이다. 우리는 세상 밖으로 보내진 선교사임을 교회는 깨우쳐 주고 많은 고민과 시도를 해야 한다. 때로는 이런저런거 다 해봐도 안 된다고 좌절할 수 있지만 그것은 하나님의 몫이다. 우리는 그저 하나님이 주신 방향으로 계란으로 바위를 치는 한이 있더라도 계속 시도해야 하는 것이다.

토론 질문

- 당신이 선교지에서 BAM을 위해 창업한다면 어떤 사업을 할 수 있나요?
- BAM의 성공을 위해서 어떤 요인일 중요할까요?
- BAM창업을 위한 비즈니스 플랜을 짤 수 있나요? 1장에 요약해서 표현해 보세요.

INTRERVIEW

Micro-financing Case Study:
ABLE Ministry 브라이언 전 장로님 인터뷰

브라이언 전 장로님은 미국에 이민 오신 1.5세로 현재 건축·설계 업에 종사하고 계신다. 건축회사의 대표로서 직원을 섬기고 세상의 빛과 소금으로 살기 위해 Christian CEO들의 모임을 14년 동안 참석하시며 Marketplace Ministry를 통하여 로컬에서 젊은 1.5세, 2세 한인들의 비즈니스 멘터링을 하며 크리스천으로 어떻게 영적으로 비즈니스적으로 영향력을 줄 것인가에 관해 조언을 주시고 또 그렇게 살려고 하신다.

저자 또한 So Cal BAMer에서 브라이언 전 장로님과 같이 몇 년 동안 사역을 하였고 한때 전장로님은 So Cal BAMer 대표로도 지내셨다. 현재는 ABLE(Aspiring to Build Leaders who Excel)이라는 비영리단체를 만들어 로컬과 아이티에서 Business As Mission의 정신을 전파하고 선교지에서 마이크로 파이낸싱을 하고 게시기에 BAM의 사례로 인터뷰를 요청하였다.

4차 산업시대의 크리스천 일터와 Business As Mission

Q ABLE 비영리 단체를 하시게 된 배경은?

A 저는 1993년부터 미국에서 건축업(Construction)에 종사하고 있습니다. 비즈니스를 하면서 비즈니스맨들 세상에서 빛과 소금이 되기 위해 14년 전부터 크리스천 CEO들로 구성된 Marketplace Ministry를 하면서 직장과 교회에서 비즈니스맨들의 영성과 비즈니스 스킬에 초점을 두고 멘토링을 해 왔습니다.

한때는 남가주 한인 BAM 모임에서도 활동했고 아이티에 계신 김월림 선교사님과 일자리 창출을 위한 BAM을 고민하기 시작했고, ABLE이라는 비영리 단체를 만들어서 선교사님과의 협력을 하며 마이크로 파이낸스 사업, 의료선교, 교육선교 사업 등을 하고 있습니다.

Q ABLE의 아이티에서의 사역 소개 부탁합니다

A 아이티는 2013년에 처음 가게 되었고 그곳의 참상을 보고 충격을 받았습니다. 2010년 지진으로 인해 약 30만 명이 죽었고 아직 복구가 완벽하지 않았던 터라 더 충격을 받았습니다. 한 빈민촌에서 "당신들의 꿈이 무엇입니까?"라고 물었을 때, 그들이 하루에 3끼를 먹는 것이라 대답했을 때 제 마음이 아팠습니다. 그리고 특히 지진 후에 한 곳에 약 십만 명을 묻었다는 공동묘지에 갔을 때는 정말 할 말을 잃었습니다. 그때 '너는 내 마음 몰라. 너는 그냥 이러다 다시 미국 갈 거잖아. 나의 마음은 더 아프다'라는 하나님의 음성을 들었고 그때부터 저의 아이티에 대한 비전이 생겼습니다.

저희 ABLE에는 약 25명의 멤버가 있고, 현재 아이티에서는 BAM, 의료, 교육선교를 하고 있습니다. BAM은 2014년부터 여러 가지 트라이를 하였는데, 마이크로 파이낸싱이라는 형태로 진행되었습니다. 의료선교와 교육선교는 일년에 한 번, 여름에 가서 사역을 합니다. 현재 ABLE에는 여러 명의 의사, 약사, 검안의들이 있어서 병원을 못 가는 아이티인들을 위해서 봉사합니다. 그리고 ABLE에 교육계에서 일하는 분이 있어서 아이티 현지에 선생님들을 교육하고 멘토링하여 줍니다. 주로 현지인 교회와 현지인 목회자님들과 협력하여 사역을 함으로써 선교사역 후에도 현지교회를 통하여 계속 accountability를 받을 수 있도록 하고 있습니다.

제일 중요한 건 비즈니스 부분에 선교인데, 마이크로 파이낸싱을 통해서 현지에 김월림 선교사님과 아이티 로컬뱅크와 협업하여 진행하고 있습니다.

Q 마이크로 파이낸싱을 어떻게 진행했는지요?

A 처음에는 아이티의 로컬 교회에 비즈니스맨을 상대로 4명을 선발해서 시작했습니다. 그때는 약 7500불씩 해서 약 3만 불의 돈으로 시작했어요. 보통 현지에 비즈니스 오픈하는 데 5천 불에서 만 불이 든다고 하더라고요.

근데 금액이 크다 보니 일부의 사람들에게만 가고 현지 사람들이 이 돈을 갚아야 한다는 생각이 희박했던 거 같아요. 로컬 아이티 목사님도 그다지 마이크로 파이낸싱에 대해서 적극적이지 않았던거 같고요. 그러던 차에 로컬 아이티 교회가 분열이 나면서 마이크로 파이낸스 진행도 어렵게 되었어요.

그 다음에는 레오간이라는 조그만 시에 그곳 시장과 연결이 되어 50명에

4차 산업시대의 크리스천 일터와 Business As Mission

게 500불씩 빌려주는 'Stepping Stones'라는 프로젝트를 시작했습니다. 그러나 이 또한 자금회수 등의 문제가 쉽지가 않더라고요. 그리고 저희가 항상 아이티에 있는 것도 아니고 그렇다고 현지 김월림 선교사님이 돈 받으로 다닐 수도 없고요.

그래서 다시 로컬 교회와 협업하여 50명에게 500불씩 빌려주는 프로젝트를 시작했어요. 현지 교회에서 이 프로젝트를 관리할 프로젝트 매니저 2명도 고용했고, 로컬 은행을 통해서 현지 사람들이 돈을 갚는 방식을 택했어요. 그리고 돈을 갚고 사업을 잘하는 사람들은 더 많은 대출을 해준다 그랬더니 회수율도 좋아지고, 다시 그들이 갚은 돈으로 다시 두 번째 사이클로 돈을 빌려줄 수 있도록 했어요. 그리고 4단계에 걸쳐서 잘하는 사업가들을 선발하여 금액의 한도를 높이도록 하고 있어요.

저희 BAM팀은 일 년에 두 번씩 이들 마이크로 파이낸싱 하는 사람들을 위해서 현지에 가서 멘토링 세미나도 하고 같이 교제하면서 그들의 얘기도 듣고 Business로 어떻게 하나님께 영광 돌리는지 교육과 멘토링을 하고 있습니다.

Q 마이크로 파이낸싱의 어려운 점은 무엇인가요?

A 아이티 현지 정치적 상황이 불안해서 항상 리스크가 있어요. 얼마 전에도 저희가 여름선교팀을 꾸려서 갈 계획이었는데, 정부의 부정부패로 전국에서 폭동이 일어나서 선교 가기 3일 전에 취소가 되었어요. 치안 문제도 취약하고요.

그리고 현지 인프라가 없어서 비즈니스 하는 게 한계가 있어요. 전기, 기름 등이 부족하고 도로 등의 시설이 안 좋아서 행상 같은 것을 제일 많이 하고 그래요.

Q 마이크로 파이낸스의 지속 가능하기 위한 요소들에는 어떤 것이 있습니까?

A 저희는 아이티에 김월림 선교사님(Serving Friends International 소속)과 같이 협동으로 사역해요. 선교사님의 영적인 가이드와 저희 크리스천 비즈니스맨들의 비즈니스 스킬들이 연합해서 하나의 작업을 이루는 것이죠. 선교사님들이 비즈니스 하는 것도 쉽지 않고, 비즈니스맨들이 자기가 사는 곳을 떠나 다 선교사로 갈 수도 없는 한계도 있고요.

그리고, 언젠가는 그들이 자립할 수 있도록 하는 것이 목표입니다. 예를 들어 저희가 여름에 하는 의료선교도 단순히 환자들 치료하는 것보다 현지 의사들을 훈련시키는 쪽으로 병행하려고 해요. 현재 교육사역엔 이미 로컬 선생님들을 가르치고 있고요. 마찬가지로 현지 마이크로 파이낸스로 사업을 성공한 크리스천들이 후배 사업가들을 다시 멘터링 할 수 있도록 사람을 기르는 것이 저희의 목표입니다. 그들이 스스로 자립하고 그곳에서 다른 이들을 또 멘터링 할 수 있는 날이 빨리 오길 기도합니다.

Q 앞으로의 계획과 기타 하고 싶은 말씀 부탁합니다.

A 먼저 저희가 살고 있는 삶의 현장이 선교지라 생각하고, '이곳에서 어떻게 선교적인 삶을 살아야하는가?'라는 고민을 통하여 여러 평신도를 깨우치고 또 그들과 같이 여러 선교지에서 하나님께서 주신 은시를 가지고 총채적인 선교를 하고 싶습니다.

4차 산업시대의 크리스천 일터와 Business As Mission

INTRERVIEW

BAM 사역과의 협업을 모색하며:

Serving FriendsInternational 김월림 아이티 선교사 인터뷰

Q 선교사님 간단한 소개 좀 부탁해요.

A 저는 한국 예수전도단(YWAM Korea) 파송 선교사로 2010년 아이티 대지진 이후 지금까지 긴급구호, 지역개발, 교육과 비즈니스 등을 중심으로 한 민간구호개발 NGO 써빙프렌즈 인터네셔널(Serving Friends International)의 아이티 지부 책임자로 가족과 함께 아이티에서 사역하고 있습니다.

Q 아이티에서 하는 사역 간단히 소개 좀 부탁드려요.

A 지진으로 삶의 터전을 일은 난민들을 위해 유엔산하기구(UN Agency)인 국제이주기구(IOM, International Organization for Migration)과 함께 난민촌을 건설해 주택을 제공하고, 난민촌 내에 까사인초중등학교를 설립하여 빈민 아동들에게 교육의 기회를 제공해오고 있습니다. 또한 난민촌 주민들을 위해 유네스코(UNESCO, United Nations Educational, Scientific and Cultural Organization)와 공동으로 난민촌 내 성인들을 위한 문맹퇴치운동을 벌이기도 했었습니다. 그 후 공정무역을 통해 난민들이 생산한 상품을 미국에 수출(아이티 셰리 프로젝트)했으며 현재는 ABLE과 공동으로 소액자본대출(Micro Finance) 프로그램을 진행 중에 있습니다.

Q 그동안 시도하셨던 사역들에서 얻은 교훈이 있다면요?

A 아이티 대지진은 30만 명의 목숨을 한 순간에 앗아간 엄청난 자연재해였습니다. 그러나 이것은 자연재해라는 관점으로만 가지고 설명할 수 없는 인류의 욕심이 가져온 재앙이기도 하다고 생각합니다. 아이티는 북미와 유럽의 강력한 파워들에 의해 철저히 짓밟힌 고통스런 과거의 역사를 가지고 있습니다. 슬픈 일이지만 이것은 지금도 이 땅에서 계속되고 있습니다. 그동안 내가 해왔던 일들은 아이티 사람들의 고통에 대한 자연스런 반응에서 시작되었습니다. 개발이나 선교는 현지인의 삶에 대한 이해와 공감에서 싹틉니다. 그리고 이들의 삶을 좀 더 앞으로 나아가게 하기 위한 처절한 노력의 과정이 선교가 아닐까 생각합니다.

그렇기 때문에 선교란 단순한 개인적인 회심의 차원에 한정되지 않는다고 생각합니다. 복음이 현실세계에서 심리학, 정치학, 경제학, 역사학 등과 만나 역동적으로 펼쳐져 총체적인 선교를 만들어냅니다. 이것은 어떤 이들이 걱정하는 것처럼 순수한 복음의 축소나 변질을 의미하지 않습니다. 오히려 보다 강력한 복음의 메시지가 미션의 현장에서 만들어집니다.

나는 그동안 아이티에서 여러 학문이 제공하는 옷을 갈아입고 아이티 사람들과 땀을 흘려왔습니다. 정치인들을 만나고 국제개발 프로젝트 매니저들과 대화해 왔습니다. 비즈니스에 종사하는 사람들을 통해 개발에 대한 새로운 통찰력을 얻기도 했습니다. 이런 사람들과의 만남은 아이티 선교사인 내가 경험한 값진 선물이라고 생각합니다. 이런 만남은 사역의 현장을 또 다른 넓이와 깊이로 인도했습니다. 혼자서 선교하는 시대는 지났습니다. 홀로 하는 선교는 독선의 위험성이 있습니다. 합의점을 찾아가는 과정이 복잡하더라도 더 많은 단체가 열린 마음을 갖고 만나는 것이 중요합니다. 서로 다른 의사소통의 방식으로 인해 어려움이 있더라도 주님 나라를 세워 가기 위해 밤 새워 토론을 하더라도 나는 적극적으로 더 많은 사람들과 단체들이 함께 협력할 것을 권합니다. 만남을 통한 협력 선교. 아이티가 내게 준 가장 값진 교훈 가운데 하나입니다.

Q 현지에서 ABLE 단체와의 BAM 사역 및 마이크로 파이낸싱에 대한 얘기를 좀 부탁합니다.

A 현재 ABLE과 협력해 아이티 Micro Finance 프로그램을 진행 중에 있습니다. 첫 해는 시정부에서 추천한 사람들을 대상으로 일정 교육을 이수하게 한 후 자본을 대출해 주는 형태를 취했습니다. 즉 ABLE과 시정부, 수혜자와 선교사(현지 프로젝트 매니저)의 구조를 가지고 시작되었죠. 이듬해는 좀 더 진화해 ABLE과 현지 선교사 및 현지인 프로젝트 매니저, 지역은행과 수혜자라는 독특한 구조로 발전되어 현재에 이르고 있습니다.

특별히 아이티 현지인들은 은행에서 대출을 받을 때 연 이자가 40%정도에 달해 대출을 거의 받을 수 없는 상황입니다. 그래서 지역은행 책임자를 만나 연 이자를 5% 정도(행정비)로 줄였고 수혜자들이 비즈니스를 통해 얻은 수익 중 상환금을 매달 은행에 납입하는 구조로 발전시켰습니다. 그러자 상환율이 급격하게 높아지게 되었죠. 우선 현지 은행이 개입하면서 수혜자들에게는 상환에 대한 약간의 긍정적인 강제성이 생기게 되었습니다. 은행 책임자가 교육 기간 중 방문해 상환 방법 등을 친절하게 설명해 준 것 역시 긍정적인 결과로 이어지게 되었습니다. 아울러 교육 기간 중 대출금을 완전히 상환하면 다음 대출금을 배로 올려 대출을 해주겠다는 약속이 현지인 수혜자들에게는 강한 동기부여가 되었습니다. 그리하여 수혜자 100%가 원금과 이자를 상환해 이들 모두가 대출금을 배로 받아 새로운 비즈니스를 시작하거나 기존 비즈니스를 확장하고 있습니다.

Q 앞으로 사역계획 및 BAM 사역 기회들에 대한 전망은 어떻게 보시나요?

A 앞으로 본인은 건물이나 눈에 보이는 하드웨어를 만드는 것을 지양하고 사람을 세우고 키우는 일에 집중하고자 합니다. 결국 선교는 사람을 리더로 세우는 일이기 때문이죠. 이를 위해 단기 프로젝트가 아닌 장기적인 차원에서 아이티 현지인 이들을 붙잡고 씨름하는 일을 멈추지 않을 계획입니다.

23.
성령이 이끄는 경영

"사람이 마음으로 자기의 길을 계획할지라도 그 걸음을 인도하는 자는 여호와시니라" (잠언 16:9)

○ 사업계획서가 꼭 필요한가

보통 사업하기 전에 근사한 비즈니스 플랜을 짜는 것을 MBA에서는 배운다. 그러나 비즈니스 플랜자체가 비즈니스의 성공을 보장하지는 않는다. 사업계획서를 근사하게 만들지 않더라도 비즈니스 모델이 무엇인가, 어떻게 수익을 창출하고, 필요한 자금이 얼마나 들고, 마케팅을 어떻게 할 것인지, 생산 및 Scale-up plan은 무엇인가 등의 여러 가지 문제들을 살펴야 한다. 만약에 내가 누구한테 투자를 받으려면 확실한 사업계획서가 필요하다.

그러나 실제 창업의 세계에선 그렇지 않은 경우가 많다. 제일 중요한 것은 누가, 왜 우리의 상품과 서비스를 살 것인지 고민해야 한다. 사업계획서에 가정한 변수들은 실제 비즈니스를 하다 보면 며칠 새에 환경이 변하기도 한다. 곰사냥을 나갔다가 토끼를 잡을 수도 있고 호랑이도 잡을 수가 있다.

책상에서 사업계획서 틀 안에 갇히면 실제 야생에서의 동물들이 어떻게 사는지 감을 잃어 버릴 수 있다.

○ 수많은 계획보다는 실천이 중요하다

창업하기 전이나 경영을 하다 보면 새로운 프로젝트를 할 때 많은 고민을 하고 시작한다. 그러나 계획은 모든 변수들이 맞을때의 얘기이지 현실에 나가면 오만 변수들이 생겨나서 계획대로 되지 않은 경우가 많다. 그보다는 조그맣게 시작해서 빨리 실패하고 실패를 통해서 배우는 과정이 중요하다. 간혹 그러다가 소 뒷걸음 치다가 쥐 잡을 수도 있다.

사실 많은 기업들의 성공 스토리를 통해서 많은 교훈을 얻으려고 애쓴다. '사후편향 효과'라고도 하는데, 우리는 이미 일어난 일에 대해서 원인을 짜맞추는 경향이 있다. 사실 성공한 사업가들도 사전에 성공한 비결을 인지 못 하고 비즈니스를 성공한 경우가 많다. 세상 말로는 운이라고도 하지만 크리스천인 우리는 하나님의 뜻과 섭리가 아니면 우리의 비즈니스는 우리의 계획과 힘만으로는 되지 않는다.

그렇다고 무작정 아무 계획이 없이 하나님의 결정에 맡기는 무책임함을 얘기하는 것이 아니다. 우리가 할 일과 계획도 하지만 추진하는 능력이 필요하다. 일의 성공여부는 우리의 권한 밖이다. 다만, 더욱 창의적으로 경쟁력을 갖추기 위해 기도와 하나님이 주신 지혜 또한 하나님이 공급해 주신다.

○ 유연한 경영과 성령이 이끄는 경영

요즘의 현대사회에서 비즈니스 환경이 너무나 리스크들이 많다. 국내외 정치, 외교 상황은 우리가 컨트롤 할 수 없으며, 기술의 급진적 변화와 세대 간의 흐름 변화 등 여러 요소들이 비즈니스의 플래닝을 어렵게 한다. 그래서 요즘은 경영학에서도 'Agility(민첩성)'의 경영이 화두이다. 그때그때 상황에 맞게 계획을 빠르게 바꿔서 환경에 카멜레온처럼 적응하는 능력이 중요하다.

나는 민첩성이 바탕이 된 경영 방식이 성령님이 이끄는 방식과 비슷하다라고 생각한다. 저자의 다른 책 제목이기도 한 『성령이 이끄는 경영』에서도 밝혔듯이 나의 창업 과정 또한 무계획의 계획으로 시작되고 사업이 발전되었다. 그때그때의 상황에서 우리는 성령님의 인도하심을 기대하고 기도해야 한다. 우리의 지혜와 경험으로 비즈니스를 하지만 때론 좌절도 될 때도 있고 때론 무계획적으로 성공하는 경우도 있는데 이는 겸손한 우리를 통해 성령님이 일하신다.

○ 시나리오 플래닝과 리스크 관리

경영학에서나 기업들은 리스크 관리를 철저히 강조한다. 시나리오 플래닝이나 컨틴전시플랜을 짜서 만약의 상황에 대비를 한다. 그러나 아무리 리스크 관리를 해도 실제 세계의 예상문제에서 시험문제가 나오지 않는 경우가 많다.

특히 크리스천 사업가의 경우에는 하나님을 의지하는 것이 수많은 병거와 말을 의지하는 것보다 중요하다. 리스크나 예상치 못한 일을 만나면 이를 통해 하나님은 우리를 연단하시고 지켜보신다. 아무리 큰일이 생겨도 하나님은 우리의 지각을 넘는 분이다. 리스크 관리도 하되 하나님은 그보다 위에 계심을 알고 의지해야 한다.

○ 그의 나라와 의를 구하기

결국 비즈니스의 성패도 하나님의 손에 달린 것이고 비즈니스를 주신 분도 하나님이다. 나에게 비즈니스를 하게 하신 분도 하나님이며, 비즈니스를 통해 만나는 사람들도 하나님이 보내주신 것이다. 사업의 성패는 하나님에게 그다지 중요한 것이 아니다. 비즈니스를 통해 하나님 나라와 의를 구하고 싶으신 것이다. 이것이 우리가 추구하는 BAM과 일터 영성의 목적이기도 하다.

비즈니스 자체의 성공도 중요하지만 하나님 관점에서도 우리의 사업체에 대한 목적들이 분명해야 한다. 그의 나라와 의를 구하라 그러면 너희에게 모든 것을 더하리라 하시던 예수님의 말씀이 사업체가 생존에만 급급해서 세상 사람들의 경제적 이익만을 한다면 하나님이 도와줄 공간이 없다. 이미 맘몬인 우상에게 하나님의 자리를 내주었기 때문이다.

○ 자기의 전문성은 기본이다

요즘은 선교지에서도 BAM을 하기 위해 선교사님들이 비즈니스를 하는 경우가 있다. 비즈니스가 성공하려면 자기 분야의 전문성과 경쟁력은 기본으로 갖추고 있어야 한다. 아무리 성령이 이끄는 경영을 하려고 해도 기본이 안되어 있는데 요행만 바랄 수는 없는 것이다. 나의 비즈니스가 남보다 우위를 유지하기 위해서는 지속적인 경쟁력을 개발해야 한다. 요즘은 틈새에서 한 분야를 잘 찾아서 전문가가 되면 된다. 지속적으로 연구개발, 자기 계발에 투자하여 비즈니스가 잘 될 때 뿐만 아니라 미래를 위해서도 계속 혁신적인 제품과 서비스를 구상하여 경쟁사와의 간격을 벌려야 한다.

토론 질문

- 여러분은 인생이나 사업이 비상계획이 있나요?
- 여러분은 계획과 성령님의 인도의 비율이 얼마나 되는가요?
- 개인이나 사업체에 절박한 상황에서 당신이 조치하는 방법은 무엇인가요?

24.
4차 산업혁명과 일의 미래

"해 아래는 새것이 없나니 무엇을 가리켜 이르기를 보라 이것이 새것이라 할 것이 있으랴. 우리 오래 전 세대에도 이미 있었느니라" (전도서 1:10)

○ 4차 산업혁명의 도래

한국은 4차 산업혁명 키워드가 난리이다. 인공지능, 빅데이터, 무인자동차, 로봇, 가상현실, 3D 프린팅, 사물인터넷, 바이오 혁명 등으로 나타난 현상들이다. 이를 통해 인간의 생활양식과 비즈니스 환경도 변하고 있다. 세상은 빠르게 돌아가고 있는데 이를 이해하지 않고 막연히 있으면 언제가 우리는 폭포 아래로 떨어진다.

○ 4차 산업 혁명의 특징

이미 인공지능(Artificial Intelligence: AI)이 와 있다. 의학 분야는 IBM의 왓츤 프로그램이 MRI 스캔 등의 암 판독 정확율이 인간 의사보다 월등히 높다. 왓츤 프로그램은 각종 환자들의 암판독 데이터를 인공지능을 이용하여 머쉰러닝을 통해서 정확성을 높여간다. 병원에서는 이제는 왓츤 프로그

4차 산업시대의 크리스천 일터와 Business As Mission

림이 없으면 인간 의사의 단독 결정을 하지 않는다. 그리고 몇 년 전 알파고는 이세돌과의 바둑에서 이겼다. 인간이 지능으로는 도저히 AI를 이길 수 없다. 아마 사무직, 전문직종은 거의 다 AI에게 자리를 내줄 것이다.

또한 무인자동차의 실험으로 조만간 무인자동차들이 상용화 될 것이다. 장거리 트럭 드라이버도 무인화 될 것이다. 그리고 사물 인터넷(IoT)의 등장으로 모든 전자제품, 기기들이 연결되어 원격 조정 및 통제가 가능하고 데이터 수집이 가능하다.

로봇들이 점점 상용화 되어 인간들의 일을 할 것이다. 일본에서는 소프트뱅크의 로봇이 호텔 리셉션니트, 식당 등에서 활동한다. 그리고 바이오 기술의 발달로 인간 질병이 치료되고 인공장기가 가능하며 인간은 수명 연장 뿐 아니라 영생도 바라볼 수 있는 기술이 발달될 것이다.

3D 프린팅을 이용한 제조업이 발달된다. 아디다스는 3D 프린팅을 이용해서 수많은 인력을 대체하고 있다. 자동차도 3D로 만들어 낸다. 이제는 제조도 개인 단위로 할 수 있는 3D 프린팅이 대세이다.

가상현실은 아이들 게임을 벗어나 현실과 가상현실의 융합을 이룰 것이다. SF영화처럼(토탈리콜, 매트릭스) 어떤 게 현실이고 어떤 게 가상현실인지 헷갈릴 수도 있다. 인간의 기억과 감정도 조절될 수 있는 것이다.

빅데이터의 활용은 이미 산업계에 진행 중이다. 빅테이터를 통해서 소비자의 구매행동 예측도 가능하다. 심지어 신상품 개발도 빅테이터를 활용하는 경우가 있다.

○ 사라지는 일자리

제일 걱정하는 부분은 사라지는 일자리이다. 물론 이로 인해 생기는 일자리도 있지만 대부분의 노동직과 사무직, 전문직 조차도 일자리가 사라질 수 있다. 이제는 우리가 일자리를 만들어야 할 때가 왔다(1인 창업). IBM의 왓슨 프로그램은 환자스캔을 통해 의사보다 암을 판명할 확률이 훨씬 높아서 이제 웬만한 병원들은 왓슨 프로그램의 컨펌을 받지 않으면 수술 결정을 하지 않는다. 회계사, 변호사의 직종도 인공지능으로 대체할 수 있는 직종이다. 인간은 로봇, 인공지능으로부터 소외된다. 육체적으로, 지능적으로 로봇을 따라 갈 수가 없다. 인간은 이제 무엇을 해야 하나.

○ 신이 되려는 인간

유발 하라리는 『신이 되려는 인간』에서 인간은 기술발전을 통해 신이 되고자 한다고 했다. 운송수단, 통신수단의 발달, 의료기술의 발달로 수명 연장이 되고 전지전능한 하나님의 경지에 이르려고 하는 것이다. 하나님의 도움이 없이도 해결

되는 부분이 많이 생겨났다. 사람들은 점점 하나님은 떠날 것이다. 바벨론의 탑을 쌓다가 인간의 언어를 흩어버린 하나님이 인간의 이런 가증스런 모습을 보고 어떻게 생각하실까?

○ 낙관론 vs. 비관론?

4차 산업혁명으로 좋아지는 점도 있다. 기술의 발전으로 인한 편리함이 생길 수 있다. 수명이 연장이 될 것이다. 그러나 기술의 격차로 인한 부의 양극화, 일자리 감소로 인한 실업 문제가 생길 수 있다. 비즈니스도 점점 아마존과 같은 거대 플랫폼 비즈니스가 시장을 독점할 것이다. 이러한 부정적인 측면에 대해서도 진지하게 고민하고 대응해야 한다.

부의 양극화는 더욱 심해져서 플랫폼 비즈니스(아마존)들이 큰 돈을 벌 것이다. 기술을 잘 모르는 세대나 나라들은 더욱 어려워 질 것이다. 올더스 헉슬리의 소설 『멋진 신세계』의 얘기가 허무맹랑하지 않다. 바이오 기술의 발달로 인간은 배양 공장에서 만들고 우수한 종과 노동할 종들을 구분하여 만든 날도 오지 않을까.

○ 4차 산업시대의 인재상

지식을 단순히 암기하는 교육은 이제 필요가 없다. 그건 인공지능이 하기 때문이다. 마윈 회장은 한 인터뷰에서 "기계와 지식으로만 경쟁하면 지겠지만, 지혜로 경쟁하면 기계는 사람을 이길 수 없다", 그리고 "성공하고 싶다면 EQ를 높이고, 지고 싶다면 IQ를 높여라. 존경 받고 계속 이기고 싶다면 사랑의 지수를 뜻하는 LQ가 필요하다"고 했다.

이제는 수많은 정보의 홍수속에서 소화해서 편집할 수 있는 능력(김정운 교수· 에디톨로지)이 필요하다. 인터넷에 정보는 얼마든지 있다. 단지 필요한 정보를 찾아 소화해서 걸러내는 능력이 필요하다. 또한 창의성이 필요하다. 인공지능의 창의성을 우리는 이길 수 있다.

4차 산업의 파도를 타려면 영성도 쌓아야 한다. 기계는 영성이 없다. 인간만이 가지는 영성은 하나님과의 관계이다. 기술이 발전해도 다 하나님의 손바닥 안이며 하늘 아래 새로운 것이 없으면 4차 산업 또한 하나님의 섭리이다. 신앙을 통해 어떠한 환경이 와도 기도하면 상황을 읽어낼 수 있는 통찰력과 지혜가 필요하다.

○ 4차 산업혁명의 기회들

한국은 IT강국이다. 4차 산업혁명에 대한 관심과 활용도 적극적이다. 그렇다면 이 분야로 비즈니스를 하거나 기존 비즈니스에 융합을 한다면 많은 기회들을 볼 것이다. 단지 이에 뒤처지고 있으면 점점 도태되어 간다. 그러려면 계속 학습하고 사업에 접목시키는 시도들을 다양하게 하여야 한다. 결국 이러한 시도들이 여러분을 다른 경쟁자들과 차별화(Dif-ferentiation)시키는 원동력이 될 수 있다.

○ 공유경제의 등장과 창업 비용의 감소

제레미 레프킨『한계비용 제로사회』에서 경제 덕분에 기업의 한계비용이 거의 제로로 수렴하는 전망을 했다. SNS나 온라인의 발달로 마케팅도 전세계를 상대로 할 수 있고, 온라인 툴을 이용하여 무점포, 지식창업, 콘텐츠 창업의 기회가 많아졌다. 이제는 전통적으로 치킨집하는 창업만이 아니라 자기의 취미와 장기가 비즈니스가 되는 시대가 왔다.

온라인 기회를 이용하려면 기본적인 온라인 툴을 사용하기 위한 공부를 소홀히 하면 안 된다. 나이든 세대의 경우에 기본적인 기념을 이해하고 직접 다 못 하면 전문가들을 활용하여 온라인 비즈니스 기회들을 사용하면 된다.

○ 4차 산업 혁명은 또다른 바벨탑이 될 수 있다

4차 산업이라 함은 긍정적인 면만 부각되어 비즈니스 기회로만 생각되지만 더 큰 그림에서도 살펴봐야 한다. 신이 되려는 인간의 욕망은 조심해야 한다. 인간이 신의 도움 없이 바이오 혁명으로 평생 살 수 있다면 과연 인간은 신이 되는건가. 구글 엔지니어 디렉터이면서 미래학자인 레이 커자일은

『Singularity』 책에서 2045년에 특이점이 온다고 예언했다. 그때는 인공지능이 인간의 지능을 넘어서는 시점으로 이제는 완전히 새로운 세계가 열릴 것이다. 이것이 인간에게 득인가 실인가는 아무도 모른다.

결국, 4차 산업 혁명은 하나님 나라를 위한 수단이 되어야 한다. 돈벌이 수단만에만 집착하여 부정적인 측면에 무관심한하고 준비를 하지 않으면 안 된다. 기술의 응용을 하나님 나라와 의를 위해 쓰는 사례들이 많이 나와야 한다.

토론 질문

- 당신은 4차 산업혁명에 대해 얼마나 알고 있나요?
- 4차 산업 혁명이 여러분 일자리와 비즈니스에 어떤 영향을 줄까요?
- 4차 산업혁명을 이해하기 위해 학습하는 것이 있나요?
- 4차 산업혁명에서 비즈니스 기회를 찾는다면 무엇이 있을까요?

25.
4차 산업혁명과 교회의 역할

○ 세상은 변화는데 교회는 뒤쳐진다

현재 4차 산업이 주는 성도들의 삶에 대한 영향은 큰데, 아직 교회에서의 4차 산업에 대한 연구와 교회의 역할에 대해서는 많은 담론들이 없다. 4차 산업은 커녕 현재 세상의 지탄을 받는 세습문제와 재정비리 등으로 앞으로 한발짝이 아니라 뒤로 물러서는 판국이다. 이에 세상에서 사는 성도들의 어려운 현실을 이해하고 돌파구가 되어줄 영적 통찰력과 비전을 제시해 주지 못하고 있다. 그동안 90년대까지 성장한 한국 교회의 거품은 빠질 것이다.

○ 각자도생의 시대

4차 산업의 발달로 인간의 일자리는 빼앗기고 실업의 문제는 더 커질 것이다. 부의 양극화는 더 심해질 것이며, 가족 공동체의 해체와 교회 공동체의 붕괴는 더욱 가속화될 것이다. 개인화로 인해서 이제는 각자 살 길을 찾아야 한다. 교회는 이런 인간들에게 위로해 주고 공감해야 한다. 사랑의 공동체로 영적 회복을 시켜야 한다. 지그문트 바우만이 얘기하듯 양극화된 사회에서 한쪽은 바쁨으로 소모되고 한쪽은 일이 없어서 '인간 쓰레기'들이 생길 날이 현실이 되는 것일까. 미국 LA 다운타운에 노숙자 문제가 점점 커지는 현실은 경기의 문제가 아니라 앞으로 일자리가 줄어들어 인간들이 할 일이 없어지는 전조일까.

○ 가상현실의 세계

VR이 4차 산업혁명에서 발달이 되며 개인들은 오프라인에서 사람을 만나는 것을 싫어한다. 인간의 대면 없이 주문하고 온라인 SNS에서 사람을 만나며 온라인 설교를 듣는다. 그러나 이것도 때론 외롭다. 오프라인 공동체도 필요하다. 교회 안에서 하는 소그룹 모임도 좋고 다양한 종류의 오프라인 모임도 성행할 것이다. 교회도 교회 안에 소그룹으로 한정되는 것은 한계가 있다. 성도들의 삶의 다양성과 전도와 선교를 위해서도 다양한 교회 안팎의 소그룹을 권장해야 한다.

○ 무사고, 무념의 인간이 될 위험

조지오웰이 쓴 1984년에 인간들이 '텔레스크린'을 통해서 '빅브라더'에게 통제를 당한다. 이제보니 핸드폰은 우리의 필수품인데 핸드폰을 보면서 우리는 그속에 빠져 살지 않는가.

우리는 각종 정보와 광고, 가짜 뉴스에 빠져 산다. 단편적이고 말초적이고 선정적인 뉴스와 정보에 무사고로 필터링 없이 사고하는 것이 습관화되면서 자신의 처한 현실을 돌아보지 못하게 될 것이다.

그렇지 않으려면 성경 묵상을 통해 통찰력을 기르고 여러 학문과의 통섭을 통해서 생각하는 근육을 키워야 한다. 교회는 성도들의 현실을 낯설게 느끼도록 여러 측면에서 문제제기를 하고 과연 크리스천으로 어떻게 살아야 할 지 같이 고민해야 한다. 분별력이 더욱 요구될 것이다.

○ 영생의 의미

미래학자인 레이 커자일은 언론 인터뷰에서 2029년 인간은 영생을 얻을 수 있을 것이라는 예측을 했다. 인간이 바이오혁명으로 인공장기 복제 기술과 로봇기계의 발달의 신체의 일부를 교체하거나 뇌만 살아도 로봇으로 몸을 대체할 수 있는 영화 같은 이야기가 현실이 될 수 있다. 인간은 죽는 것이 진리이나 영원히 산다면 과연 죽어서 천국가고 영생한다는 기독교의 교리는 어떻게 되는 것인가 헷갈린다. 이에 대한 신학적 논의와 향후 여파 등이 고민되어야 한다.

○ 구원의 의미

인간이 이 땅에서 이미, 그리고 죽어서 미래에 구원을 받는 존재이나, 기술의 도움으로 우리는 자력으로 모든 지 할 수 있다는 생각이 지배할 것이다. 점점 하나님에 대한 믿음이 더 줄어들 것이다. 기술에 대한 과학 맹신주의가 새로운 우상이다. 삶에 대한 모든 질문은 인공지능이 답해 준다. 인생의 본질에 대한 질문들도 인공지능이 답하면 우리는 하나님의 존재를 더욱더 믿지 않을 가능성이 많다. 오래 살 수 있으므로 더욱더 현세에 대한 집착이 생기며 내세 구원의 기대가 저하될 것이다.

○ 공유시대의 교회 공간의 문제

요즘은 필요할 때만 사용하는 긱(Gig) 경제 또는 공유 경제가 인기이다. 자원의 공유로 인해 효율성을 높여서 지구 환경에도 이바지할 수 있다. 교회가 건물 건축·증축의 하나의 필수 요소로 인식되어서 수많은 자원과 시간을 들이지만 이제 교인수의 감소로 인해 그 리스크를 하드웨어에 투자하는 것은 위험하다. 언제나 커뮤니티와 소통하기 위해서는 예배당 형식의 건물보다는 다목적관(Multi-purpose building)을 지어도 평일에는 커뮤티니에서 이용하거나 창업자들의 공간이나 문화 공간으로 활용할 수 있는 스마트 건물이 필요하다. 수천

억짜리 건물보다는 다목적관으로 짓고 젊은 청년들의 문화 공간, 창업 공간, 커뮤니티의 쉼터 등으로 창의성이 필요하다.

○ 교회에 닥친 현실

이미 교회에 실망한 가나안 성도들이 많다. 교회가 복잡한 현실에 답하지 않고, 목회자들의 욕심으로 교회당 확장하는 수준의 신앙은 제살을 깎아먹는다. 젊은 사람들은 더 온라인 공간에서 만나는 교회를 찾을 수 있다.

성도가 줄어드니 교회재정은 파탄이 나고 건물을 산 융자금을 못 갚은 교회들은 줄줄이 도산할 것이다. 목회자들은 갈 곳이 없어서 이중직으로 자기의 생계를 꾸려야 할 것이다. 교회가 기술의 진보와 그 부작용으로 인한 대안을 마련하지 못함으로서 성도들은 답을 찾기 위해 더욱 교회를 떠날 것이다.

○ 하나님의 섭리

그럼에도 불구하고 이런 4차 산업의 변화는 하나님의 섭리와 계획 속에 있다. 우리는 계속 고민하고 좁은 길을 같이 걸으면 된다. 소외된 인간을 품을 수 있고, 사회에 적응할 수 있도록 디딤돌 역할이 되도록 해야 한다. 레이 커자일이 얘기한 특이점을 지난 2045년에는 어떤 일이 일어나기 예측이 어려우나 우리는 기본에 더욱 충실하면 된다. 곧 하나님이 만

물의 통치자임을 기억하고 우리는 우리의 소명을 찾고 소명
을 다하는 것이다.

○ 교회의 역할

4차 산업을 지나는 성도들에게 길을 제시하고 삶의 양식
을 제안해야 한다. 일자리를 빼앗긴 성도들에게 하나님이 주
신 소명을 깨닫고 비전을 제시해야 한다. 이것은 단순히 추상
적인 작업이 아니라 같이 고민하여 구체적으로 성도들의 은
사와 소명을 통해서 세상에서 어떠한 일들을 할 수 있는지
빅픽처의 시각으로 제시해야 한다. 또한 소그룹을 다양한 방
법으로 활성화해야 한다. 교회 안의 소그룹도 중요하고 여러
사회와 소그룹을 권면하여 전도·선교의 기회로서도 활용해
야 한다.

유발 하라리는 『21세기를 위한 21가지 제언』에서 인간의
일자리 감소로 인해서 '보편기본소득'과 '보편기본서비스'의
제공으로 빈곤의 격차를 줄일 것과 기존에 일이라는 관점을
더 넓혀서 우리가 이웃을 돌보고 공동체를 위해 봉사하는
것도 일의 관점으로 보았다. 유대표 초정통파의 예를 들면서
유대교 가장들이 직업 없이 공동체에서 성경공부를 하고 삶
을 나누는 것을 예로 들면서 공동체의 중요성을 강조했다. 우
리 교회도 이런 4차 산업 혁명의 피해로 실직되는 이웃들을
서로 돌보고 삶을 나누고 부를 나누는 공동체가 되어야 하지

않을까.

어쩌면 인간대신 AI와 로봇이 일을 대신하여 준다면 인간은 놀면 된다. 그러나 무작정 노는 것이 아니라 거기에 '의미'를 추구하는 것이 중요하다. 그러려면 남을 돕는다든가, 예술 및 창작 활동한다든가 하는 문화를 만드는 일은 인류의 일이다. 4차 산업이 위기도 될 수 있지만 기회도 될 수 있다.

그리고, 기계문명에 지친 영혼들에게 사랑으로 품을 수 있는 공동체가 되어야 하며 성도들의 영성을 키워줘야 한다. 인공지능과 로봇이 인간의 일자리를 빼앗는데 로봇은 영성을 가질 수 없고 인간만이 영성을 가질 수 있다. 영성을 키워서 더욱 사리분별하고 세상에서 이기는 성도를 만들어 내야 한다. 결국 교회 안에 갇힌 신앙이 아니라 삶과 신앙이 일치하는 총체적 신앙(Holistic Faith)가 필요하다. 그렇게 살아가는 성도들을 많이 만들어야 한다.

토론 질문

- 4차 산업이 기독교에 어떤 영향을 줄 것 같나요?
- 4차 산업에서의 교회의 역할은 무엇인가요?
- 4차 산업에서의 교회의 나아갈 방향은 무엇인가요?

참고문헌

- 하나님의 사업을 꿈꾸는 CEO(폴 스티븐슨, IVP, 2009)
- 현대 신학 이야기(박만, 살림, 2004)
- 하나님 나라 복음(김세윤외, 새물결플러스, 2003)
- 글로벌 BAM Think Tank(https://bamglobal.org)
- 노동하는 그리스도인(김근주외, 대장간, 2018)
- 프로테스탄티즘의 윤리와 자본주의 정신(막스베버)
- 팀 켈러의 일과 영성(팀켈러, 두란노, 2013)
- 김형국 목사의 하나님 나라 복음 DNA NETWORK(http://hanabokdna.org)
- 프란시스 쉐퍼의 기독교 세계관과 윤리(이상원, 살림출판사, 2003)
- 국부론(아담스미스)
- 시몬느베이유 수상록 '중독과 은총'
- 새하늘 새땅(리차드 미들턴, 새물결 플러스, 2017)
- 그리스도인의 비전(브라이언 왈쉬외, IVP, 1987)
- 프로페셔널의 조건(피터 드러커, 청림출판, 2001)
- 성공하는 사람들의 7가지 습관(스티븐 코비, 김영사, 1994)
- 성령이 이끄는 경영(이종찬, 북랩, 2019)
- 게으름의 경영학(이종찬, 북랩, 2019)
- 바늘귀를 통과한 부자(김영봉, IVP, 2003)
- 류시민의 경제학 카페(류시민, 돌베게, 2002)
- 하나님이냐 돈이냐(자크 엘룰, 대장간, 2010)
- 현대사회문제와 그리스도인의 책임(존 스토트, IVP, 2011)
- 소비사회를 사는 그리스도인(존 캐버너, IVP, 2011)
- 기브 앤 테이크(아담 그랜트, 생각연구소, 2013)
- 그리스도와 문화(리차드 니버, IVP, 2007)
- 예수님 가방 속 설득 매뉴얼(마이클 지가렐리, 어부의 그물, 2009)
- 다윗과 골리앗(말콤 글래드웰, 21세기북스, 2014)
- The singularity is near(Ray Kurzweil, 2005)

- 제4차 산업혁명과 교회론의 방향(김성원, 2017)
- 제4차 산업혁명 시대의 그리스도인 삶(한국그리스도사상연구소, 2017)
- 사피엔스(유발 하라리, 김영사, 2015)
- 호모데우스(유발 하라리, 김영사, 2017)
- 2020-2040 한국 교회 미래지도(최윤식, 생명의 말씀사, 2013)
- 4차 산업혁명 시대, 어떻게 일할 것인가(전성철, 리더스북, 2018)
- 좋아하는 것을 돈으로 바꾸는 법(멘탈리스트 다이고, 동양북스, 2017)
- 흐름 코리아 2019(김난도외, 미래의 창, 2018)
- 공감의 시대(프란스 드발, 김영사, 2017)
- 잉여인간이 몰려온다 노동혁명(이성록, 미디어숲, 2018)
- 4차 산업시대의 문화경제의 힘(최연구, 중앙경제평론사, 2017)
- 누가 4차 산업혁명 시대에 돈을 버는가(김정수, 중앙경제평론사, 2019)
- 소유의 종말(제레미 래프킨, 민음사, 2001)
- 한계 비용 제로사회(제레미 래프킨, 민음사, 2014)
- 멋진 신세계(올더스 헉슬리)
- 성실함의 배신(젠 시체로, 홍익출판사, 2017)
- 쓰레기가 되는 삶들(지그문트 바우만, 새물결, 2008)
- 삶은 왜 짐이 되었나-하이데거 명강의(박찬국, 21세기북스, 2017)
- 리더의 조건(존 맥스웰, 비즈니스북스, 2012)
- 21세기를 위한 21가지 제언(유발 하라리, 김영사, 2018)
- 1984(조지오웰, 말과 침묵, 2016)